Ludwig Adamovich

Erinnerungen eines Nonkonformisten

Ludwig Adamovich

Erinnerungen eines Nonkonformisten

Seifert Verlag

Umwelthinweis:
Dieses Buch und der Schutzumschlag wurden auf chlorfrei gebleichtem Papier gedruckt. Die Einschrumpffolie – zum Schutz vor Verschmutzung – ist aus umweltverträglichem und recyclingfähigem PE-Material.

2. Auflage

Umschlaggestaltung: Rubik Creative Supervision, unter Verwendung eines Photos von Hofer, Innsbruck
Druck und Bindung: CPI Moravia Books
ISBN: 978-3-902406-87-3
Printed in Austria

Inhaltsverzeichnis

Vorwort

Erinnerungen zu schreiben ist anstrengend. Viele Bilder treten in das Bewusstsein, und mit ihnen sind Gefühle der unterschiedlichsten Art verbunden. Konflikte werden lebendig.

Ich habe mich im Titel als Nonkonformisten bezeichnet. Durchaus glaube ich daran, dass auf dem Weg der Vernunft erkennbare ethische Prinzipien bestehen, aber ebenso bin ich davon überzeugt, dass in vielen Bereichen die persönliche Überzeugung maßgebend sein muss. Auch wenn viele es anders sehen.

Zu danken habe ich Frau Dr. Maria Seifert, die mich zu diesen Erinnerungen ermutigt hat und die eine effiziente Partnerin war. Ferner danke ich meiner Ehefrau Britta für vielfältige und nachhaltige Unterstützung sowie Frau Mag. Gabriella Szabó für die mühevolle Leistung, meine Handschrift zu entziffern.

Ich widme diese Erinnerungen den Institutionen, die mich geformt haben, dem Österreichischen Verfassungsgerichtshof und dem Verfassungsdienst des Österreichischen Bundeskanzleramtes.

Wien, am 4. Oktober 2011
Ludwig Adamovich

I Kindheit und Jugend

Am 24. August 1932 wurde ich in Innsbruck geboren. Im Sanatorium der Kreuzschwestern an der Kettenbrücke. Wenn man sich der Stadt vom Osten her per Bahn nähert, überquert man den Inn und kann einen Blick auf das Sanatorium werfen. Mittlerweile gibt es dort ein modernes Gebäude, der alte Kern ist aber erhalten geblieben.

Warum gerade in Innsbruck? Nicht zufällig. Ich hatte zwar keine echten Tiroler als Verwandte, aber nicht weniger als vier Familienmitglieder wirkten an der dortigen Universität als Professoren: zwei Mediziner und zwei Juristen, davon ein Ururgroßvater und zwei Urgroßväter mütterlicherseits. Die Letzteren wurden später nach Wien berufen, der eine als Professor für Kirchenrecht, der andere als Pionier der Gerichtsmedizin. Eduard R. von Hofmann war einer der drei Ärzte, die nach dem dramatischen Ableben des Kronprinzen Rudolf das medizinische Bulletin unterzeichneten. Auf dem Wiener Zentralfriedhof liegt er in einem Ehrengrab neben Theodor Billroth. Die beiden anderen waren in Innsbruck geblieben. Einer der beiden war Professor der Anatomie und der erste Rektor der Universität Innsbruck nach deren Wiedererrichtung 1870. Er war einer meiner Ururgroßväter mütterlicherseits, Schwiegervater des vorher erwähnten Professors für Kirchenrecht.

Damals konnte man sich als Universitätsprofessor eine Villa in bester Aussichtslage bauen, auf dem Mittelgebirgsplateau oberhalb von Innsbruck. Das taten auch zwei Abkömmlinge des genannten Ururgroßvaters, beide unverheiratet. Heute ist diese Villa das Schlosshotel in Igls. Das Haus war im Erbweg an die vier Kinder des Kirchenrechtlers, darunter meine Großmutter, gegangen. Ihren Anteil erbte dann meine Mutter. Auf Dauer gehen solche Erbgeschichten nicht gut, aber an dieser Stelle geht es mir nur darum, zu erklären, warum ich in Innsbruck zur Welt kam.

Ich bin alles andere als ein waschechter Tiroler, aber ich fühle mich dort zu Hause. Und in späteren Jahren verlieh man mir einen Orden, den üblicherweise nur echte Tiroler bekommen und der mich mit großem Stolz erfüllt.

Die ersten drei Wochen habe ich in Innsbruck verbracht, dann übersiedelten wir nach Graz, aber bis 1938 kehrte ich stets auf »Sommerfrische« mit den Eltern nach Igls zurück, was ich sehr genoss. Im Alter von drei Wochen wurde ich per Bahn von Innsbruck nach Graz gebracht, wo mein Vater an der Universität eine Stelle als Professor für öffentliches Recht innehatte.

Die Familie meines Vaters stammte väterlicherseits zunächst aus Bulgarien und kam dann nach Slawonien (nicht zu verwechseln mit Slowenien), dem Dreiländereck von Ungarn, Kroatien und Serbien. Einer meiner Ahnen wurde von König Karl II. (identisch mit Kaiser Karl VI.) 1714 in den Adelsstand erhoben. Die Familie gelangte zu beträchtlichem Wohlstand, allerdings brachte der Erbweg ziemliche Unruhe mit sich, und der Zweig der Familie, dem mein Vater angehörte, verarmte schließlich. Nach dem frühen Tod seines Vaters kam mein Vater schon mit sechs Jahren in die Vorbereitungsschule des Kollegiums Kalksburg der Jesuiten. Er blieb dort bis zur Matura. In seiner Autobiographie schrieb er nicht ohne Stolz, dass er nicht nur stets Vorzugsschüler, sondern auch immer der Beste in der Klasse gewesen ist. Das eröffnete düstere Perspektiven für meine eigene schulische Karriere, von denen noch die Rede sein wird.

Der Aufenthalt in Graz dauerte nicht lange, denn 1934 wurde mein Vater an die Universität Wien berufen. Wir bezogen eine schöne Wohnung in der Operngasse, direkt gegenüber der Oper.

Meine Erinnerungen an die Kindheit bis zum Eintritt in die Volksschule sind mehr als dürftig. Ich hatte keine Geschwister, aber auch keine Spielgefährten. Immer waren nur Erwachsene um mich. Es gab einen schon ziemlich alten

Turnlehrer, der mir nicht wirklich etwas beigebracht hat. Dann erinnere ich mich an eine »Madame«, die mich Französisch lehren sollte, was auch nicht so ganz gelungen ist.

Es fehlte indes an einer seriösen Sozialisierung. Offenbar habe ich das gespürt, weil ich gelegentlich ziemliche Aggressionsausbrüche an den Tag legte, die aber sogleich im Keim erstickt wurden. Mein Vater, der im Übrigen wenig Zeit für mich hatte, versuchte immer wieder vergeblich, mir Ordnung beizubringen. Vielleicht wäre ihm dies gelungen, wenn man mir den Grund für Ordnung plausibel gemacht hätte. Für Ordnung als Selbstzweck hatte ich nicht das geringste Verständnis. Das hat mir im Berufsleben Schwierigkeiten gemacht, denn hier wurde ein Problem virulent, das tief ins Rechtsphilosophische reicht. Darüber wird noch ausführlich zu reden sein.

Eine sehr gute Beziehung hatte ich zu meinem Großvater mütterlicherseits. Er war Arzt, Facharzt für Urologie, ein damals sehr junges Fach. Am besten aber verstand ich mich mit dem Bruder meines Vaters, der es zwar beruflich nicht weit gebracht hatte, aber ein echtes Universalgenie war und wusste, wie man mit einem kleinen Buben umgehen sollte.

Alles in allem wohl nicht gerade die besten Voraussetzungen für eine gute kindliche Entwicklung. Die ganze Situation aber verschärfte sich entscheidend durch die Ereignisse des März 1938. Mein Vater war ohne Zweifel das, was man in einer berühmten soziologischen Studie eine »authoritarian personality« genannt hat. Die Mutter stand ihm – mit anderen Methoden – im Grunde in nichts nach. Bei beiden spielte ein religiös fundiertes Verständnis von Autorität und Pflicht eine wesentliche Rolle.

Zeit seines Lebens war mein Vater Monarchist, Legitimist, also ein Mann, der von der Legitimation des herrschenden Hauses durch die göttliche Gnade überzeugt war. In seiner Selbstdarstellung schreibt er, mit dem Zerfall der Monarchie sei für ihn buchstäblich eine Welt zusammengebrochen. Er hatte 1913 das Einjährig-Freiwilligen-Jahr begonnen und stand 1914, als der Erste Weltkrieg begann, unmittelbar vor der Ausmusterung. Er erlebte den Krieg als Reserveoffizier der schweren Artillerie zur Gänze an der Front.

Ich habe mich später oft gefragt, ob nicht der Erste Weltkrieg aus österreichischer Sicht vermeidbar gewesen wäre. Kardinal Schönborn bezeichnete das Einlassen in den Krieg in seiner Predigt während der Gedenkmesse für Otto von Habsburg am 16. Juli 2011 als verhängnisvollen Fehler. Kaiser Franz Josef war in der Hand von kriegsbegeisterten Militärs und ebensolchen Politikern. Dem Kaiser ging es um den Zusammenhalt der Doppelmonarchie und damit um die Erhaltung der Großmachtstellung. Der Krieg wurde damals als legitimes Instrument der Politik gesehen; man muss nur die geradezu hymnischen Lobpreisungen des Krieges in den Memoiren des Feldmarschalls und langjährigen Generalstabschefs Conrad von Hötzendorf lesen. Nicht einmal die Sozialdemokraten hatten 1914 gegen den Eintritt in den Krieg opponiert. Der Zerfall der Monarchie war 1914 schon längst vorprogrammiert, denn die nicht deutschsprachigen Nationen drängten auf Unabhängigkeit oder Abspaltung. Und dann wäre die Konfrontation mit dem mächtigen Deutschen Reich unausweichlich gewesen. Auch der »Anschluss« war schon vorprogrammiert.

Mein Vater war stets ein glühender Österreicher, aber nicht gerade ein Demokrat. Nach dem Krieg trat er in den Dienst des Landes Niederösterreich und wurde schließlich in den Verfassungsdienst des Bundeskanzleramtes einberufen. Hans Kelsen wurde auf ihn aufmerksam und ermunterte ihn zur Habilitation. 1927 erfolgte die Berufung an die Deutsche Universität Prag, bereits nach einem Jahr wurde er an die Universität Graz berufen. 1927 fand auch die Eheschließung meiner Eltern statt, wobei die Trauung ein gewisser Prälat Seipel vornahm. Ignaz Seipel war damals Bundeskanzler, heftig angefeindet von der Sozialdemokratie wegen seiner harten Haltung nach dem Justizpalastbrand. Mein Vater war nie Mitglied einer politischen Partei, aber er hatte doch beim Zustandekommen der Bundesverfassungsnovelle 1929 im Hintergrund ein gewichtiges Wort mitzureden. Auch war er kein CVer, obwohl er offenbar Kontakt zu maßgebenden Leuten in der christlich-sozialen Partei hatte. An der Ausarbeitung der Verfassung 1934 war er nicht beteiligt. Es kann allerdings keinen Zweifel darüber geben, dass er sich mit dem »autoritären Regime« identifizierte. Er war seit 1930 Mitglied des Verfassungsgerichtshofes und trat ebenso energisch wie erfolglos gegen dessen Ausschaltung auf. Dann wurde er Mitglied des Staatsrates, eines der »vorberatenden Organe« gemäß der Verfassung 1934. Dass diese illegitim zustande gekommen war, musste ihm klar sein. Wie er seine Mitwirkung am autoritären Regime mit seinem strengen Gewissen vereinbaren konnte, ist mir nie klar geworden. Es ist durchaus denkbar, dass die Gegnerschaft zum Nationalsozialismus schon eine gewisse Rolle spielte. Mein Vater pflegte aber auch Kontakt zu legitimistischen Kreisen, insbesondere zu Otto von Habsburg.

Nach dem so genannten Berchtesgadener Abkommen vom Februar 1938 wurde mein Vater Justizminister. Zu seinen Aufgaben gehörte die im Abkommen versprochene Amnestierung der Nationalsozialisten. Schuschnigg wollte in dieser Funktion angesichts des Wirkens des Innenministers Seyss-Inquart einen verlässlichen Österreicher haben. Aber das Schicksal des unabhängigen Österreich war bereits besiegelt. An die tiefe Niedergeschlagenheit meiner Eltern in den entscheidenden Märztagen 1938 kann ich mich noch deutlich erinnern. Abgesehen vom patriotischen Aspekt musste ihnen bewusst sein, dass meinem Vater üble Konsequenzen drohten. Und ausgerechnet in diesem Jahr 1938 kam ich in die Volksschule.

Man kann natürlich rückblickend nicht sagen, ob gewisse Probleme, die sich in der Folge bei mir zeigten, die Konsequenz der »abgeschlossenen« Kindheit oder der mir wohl bewussten politischen Situation waren oder beides. Jedenfalls verdichtete sich beides, wie gleich zu zeigen sein wird, für mich zu einer ganz konkreten bedrohlichen Situation.

Mangels Sozialisierung war der Eintritt in die Schule für mich ein Schritt in eine vollkommen neue Welt. Ich war schüchtern und ängstlich, obwohl mir niemand etwas zufügte und ich während meiner Volksschulzeit keinerlei Schikanen ausgesetzt war. Aber allein das Gefühl, wenn ich in die Rubrik »Beruf des Vaters« »Universitätsprofessor a. D.« eintragen musste, empfand ich als schrecklich. Schwierigkeiten hatte ich auch wegen schwacher Leistungen im Rechnen (ich kann es bis heute nicht). Mehrmals bekam ich eine Schularbeit mit dem Vermerk »Besser arbeiten!« zurück. Und da setzte nun ein Teufelskreis ein. Damals wurde man zur Aufnahmsprüfung ins Gymnasium nur auf Basis einer Empfehlung der Volksschule zugelassen. Und mein Vater hatte die fixe Idee, man werde wegen meiner schlechten Rechenleistungen in Verbindung mit dem politischen Hintergrund diese Empfehlung nicht erteilen. Daher kontrollierte er regelmäßig meine Hausaufgaben, und es war immer nur eine Frage der Zeit, bis seine Faust auf den Schreibtisch donnerte, weil er einen Fehler entdeckt hatte. Die psychologisch richtige Methode war das nicht, weil mir dadurch ein doppelter Angstgegner geschaffen wurde: das Rechnen und der Vater. Diese Ängste haben mich bis zur Matura begleitet und auch über die Matura hinaus auf anderer Ebene ihre Schatten geworfen.

Gut war ich in Deutsch. Ich schrieb schöne Aufsätze, und wenn ich zu einer Redeübung aufgerufen wurde, zeigte ich rhetorisches Talent. Zu den Mitschülern (einer von ihnen war mein Freund Thomas Chorherr) hatte ich so gut wie keinen persönlichen oder außerschulischen Kontakt. Meine Eltern verhinderten dies, weil sie Sorge hatten, es könnte ein »trojanisches Pferd« eingeschleust werden. Wie schon in der früheren Kindheit blieb ich isoliert.

An der Gabe der Beobachtung fehlte es mir nicht. Einmal hat man uns ein Kasperltheater vorgeführt, in dem der arme Bauer in die Hand eines jüdischen Wucherers gerät, dem dann der Kasperl das Handwerk legt. Die Unsinnigkeit und Primitivität dieses politischen Theaters war mir sofort bewusst.

Unser Direktor pflegte uns Samstagmittag vor dem Heimgehen einige politisch akzentuierte Worte auf den Weg mitzugeben. Einmal verkündete er, dass es entgegen anderslautenden Behauptungen keinen Gott gebe. Ich fragte mich damals insgeheim, wieso dann auf dem Koppel der Soldaten der Spruch »Gott mit uns« stehe. Aber laut stellte ich diese Frage nicht.

Entgegen meines Vaters Befürchtungen durfte ich doch zur Aufnahmsprüfung antreten und bestand dieselbe – auch im Rechnen – sehr gut. Ich wurde in die erste Klasse des Akademischen Gymnasiums aufgenommen. Vor der Machtergreifung der Nazis hatten die Eltern offenbar einen Streit darüber ausgetragen, ob ich das Jesuitenkollegium Kalksburg (wofür mein Vater war) oder das Schottengymnasium (wofür meine Mutter war) besuchen solle. Aber 1942, als ich so weit war, gab es überhaupt keine Ordensschulen mehr, sodass sich das Problem von selbst gelöst hatte.

Das Akademische Gymnasium galt vor der Nazizeit als liberal und wies eine große Zahl von jüdischen Schülern auf. Als ich hinkam, war es »judenfrei« und hatte einen ganz besonders penetrant nazistischen Direktor, der sich bei Schulfeiern in der Uniform des »politischen Leiters« zeigte.

Mich ließ er unbehelligt, wie fast alle anderen Mitglieder des Lehrkörpers, mit Ausnahme der Mathematikprofessorin. Die Volksschultradition setzte sich in dieser Hinsicht perfekt fort, mit der Maßgabe, dass die Mathematikerin auch politisch etwas gegen mich hatte. Aus irgendeinem Grund, an den ich mich nicht mehr erinnern kann, sagte sie mir, mein Verhalten sei »eines deutschen Jungen unwürdig«. Meine schlechten Rechenleistungen waren – wie schon in der

Volksschule – weniger auf Unverständnis als auf mangelnde Konzentration zurückzuführen. Aber wie auch immer: Die Mathematik plus das politische Moment waren eine fatale Konstellation. Der Fairness halber muss ich anmerken, dass mein Krieg mit der Mathematik auch nach Ende der Naziherrschaft fortgesetzt wurde. Ich hatte da eine regelrechte Blockade.

Nach der damaligen Praxis gab es eine in Worte gefasste Gesamtbeurteilung. Für die erste Klasse lautete sie »Sehr gewissenhaft und erfolgreich«, für die zweite Klasse nur mehr »Gewissenhaft und im Allgemeinen erfolgreich«. Den Grund für diesen Abstieg kann ich nicht mehr »festmachen«.

Meine Eltern gaben mir militärische Literatur und Jugendzeitschriften aus der Zeit der Monarchie zu lesen. Das hinterließ bei mir das Gefühl, permanent in einer vergangenen Zeit zu leben. Aber immerhin: Die innere Opposition gegen den Nationalsozialismus wurde gefördert. Die deutschen Geschichtslehrbücher nahm ich sehr kritisch auf. Eines Tages kam ich aber auf die Idee, mir ein Buch des Historikers Viktor Bibl zu kaufen. Ich wusste nicht, dass Bibl profilierter Nationalsozialist war. Mein Vater bekam daraufhin einen seiner gefürchteten Wutanfälle, weil er Indoktrinierung witterte. In pädagogischer Hinsicht war diese Reaktion wenig förderlich, weil sie in mir wiederum Angst hervorrief; eine sachliche Auseinandersetzung und Begründung hätten bessere Wirkung gezeigt.

In der zweiten Jahreshälfte wurde meine Klasse in die Slowakei verlegt, und zwar wegen der Bombenangriffe. Ich erhielt eine Bewilligung für häuslichen Unterricht; ich musste nur am Ende des Schuljahres eine Prüfung ablegen. Für das Lernen hätte ich an sich beträchtlichen Spielraum gehabt, der aber wurde durch Anordnungen meines Vaters erheblich eingeengt. Als ich mich etwa im Juni 1944 bei meiner Großtante in der Südsteiermark aufhielt, erteilte er mir laufend Instruktionen, und ich musste die Befolgung derselben auf dem Postweg nachweisen. Als Muster gebe ich die folgende Stelle aus einem Brief meines Vaters wieder:

> *»Heute ist Dein Brief von Steiermark angekommen, aber ohne jede Aufgabe. Ich entnehme daraus, dass Du den Fronleichnamstag einfach als selbstverständlich von Aufgaben frei betrachtet hast, was absolut nicht stimmt. Jetzt bist Du dann auch mit allen Aufgaben in ein Durcheinander geraten, und wirst nicht fertig werden mit dem Stoff. Also hole gefälligst das nach, was Du für den Fronleichnamstag aufgehabt hättest. – Anbei neue Aufgaben auf der Rückseite, mache sie ordentlich.«*

In der dritten Klasse fiel dann der Schulunterricht in Wien bis zum Kriegsende wegen der alliierten Bombenangriffe überhaupt aus.

Nähere Kontakte zu Schulkollegen gab es für mich in der Nazizeit auch im Gymnasium nicht, denn meine Eltern fürchteten weiterhin, es könnte ein »Spion« oder ein »trojanisches Pferd« nach Hause eingeschleust werden. Mit einer einzigen Ausnahme: Johannes Mironovici, dessen Vater nach dem Krieg Vizepräsident des Obersten Gerichtshofes wurde und der politisch unverdächtig war. Nicht einmal mit meinem ältesten und besten Freund Thomas Chorherr gab es damals außerschulische Kontakte, was ich freilich später nachholte. Meine Isolation setzte sich also nahtlos fort. Und meine Schulleistungen verbesserten sich nicht. Einmal bekam ich auf eine Lateinschularbeit ein »Ungenügend«. Ich kann mich nicht erinnern, wie es mir gelungen ist, den Schandfleck an den Eltern vorbeizuschwindeln. Das war notwendig, denn ein solches Kalkül hätte ein Erdbeben ausgelöst. Es handelte sich also um eine echte Existenzfrage für mich. Wirkliches Interesse hatte ich von den zahlreichen Unterrichtsgegenständen nur für Geschichte. Zum tradierten nationalsozialistischen Verständnis konnte ich mir eine eigene Meinung bilden.

Mein Vater war mit gekürzter Pension als Universitätsprofessor in den zwangsweisen Ruhestand versetzt worden. Der damals eingesetzte kommissarische Dekan Ernst Schönbauer hatte sich redlich, aber vergeblich bemüht, meinen Vater im Amt zu halten. Kontakte hatte mein Vater auch zu Egbert Mannlicher, einem der Hauptredaktoren der Verwaltungsverfahrensgesetze, ein bekennender Nationalsozialist. Dieser gab einen »Wegweiser durch die Verwaltung« heraus, für den ich zum Lesen der Korrekturen eingesetzt war. Ich erhielt dafür ein Buch samt Widmung.

Schon im März 1938 erlebte ich die schwierige Situation, in der sich unsere Familie befand, sehr bewusst mit. Mir war klar, dass mein Vater permanent in Gefahr war. Daher konnte ich auch dem Nationalsozialismus keinerlei positive Seiten abgewinnen, obwohl mir die Erfolge der Deutschen Wehrmacht imponierten – aber das ist eine andere Geschichte. Mein Vater hörte ungeniert »Feindsender«, und das in beträchtlicher Lautstärke, weil er infolge des Artilleriedienstes im Ersten Weltkrieg unter Schwerhörigkeit litt. Er machte sich nicht einmal die Mühe, den Kurzwellensender auf normale Welle umzustellen, sodass jedem Eindringling klar sein musste, was los war. Zudem hatte er neben dem Radioapparat eine Landkarte liegen, in der er die von den Alliierten zurückeroberten Orte rot einzurahmen pflegte, obwohl sie laut Wehrmachtsbericht noch fest in deutscher Hand waren. Ein »Besuch« der Gestapo, und er wäre erledigt gewesen.

Natürlich setzten sich diese Ängste in meinem Kopf fest. Natürlich kamen dazu auch noch zusätzliche Ängste, bedingt durch die alliierten Bombenangriffe. Am 10. September 1944 war es schon sehr ungemütlich, am 5. November sehr gefährlich, am 18. November wäre ich beinahe ums Leben gekommen. Ein Bombeneinschlag im Nachbarhaus, ein weiterer auf der Straße unmittelbar vor dem Luftschutzkeller, und die Wohnung in der Jacquingasse gegenüber dem Botanischen Garten war unbewohnbar geworden. Wir mussten zu Verwandten in die Reisnerstraße ziehen. Das bedeutete aber kein Ende der Gefährdung durch Luftangriffe. Ich führte mit meinem Vater lebhafte Wortgefechte über die Brauchbarkeit von Luftschutzkellern. Denn ich wollte nach den Erlebnissen am 18. November möglichst tief hinunter. Der Luftschutzkeller unseres damaligen Wohnhauses war äußerst seicht gewesen, mehr ein Souterrain als ein Keller. Mein Vater aber hatte etwas gegen öffentliche Luftschutzkeller. Trotzdem setzte ich mich fallweise durch. In der Johannesgasse 28 gab es einen Weinkeller mit zwei unterirdischen Stockwerken, die zum Luftschutzkeller umfunktioniert worden waren. Dort habe ich gemeinsam mit meinem Vater auch im Jahr 1945 einen sehr schweren Luftangriff erlebt.

Erwähnenswert ist, dass mein Vater während des dramatischen Bombenangriffs am 18. November im Luftschutzkeller ein Buch des Historikers Ludwig Pfandl über Philipp II. las. Dieser wird spätestens seit Friedrich Schiller allgemein als Monstrum hingestellt. Der Autor Pfandl zeichnete ein vollkommen anderes Bild dieses Herrschers. Mir erscheint es im Rückblick als seltsamer Zufall, dass mein Vater dieses Buch gerade während des Bombenangriffs gelesen hat.

Mehr und mehr neigte sich der Krieg dem Ende zu; die Russen kamen immer näher. Eine Kundmachung tauchte auf: »Wien ist zum Verteidigungsbereich erklärt worden. Frauen und Kindern wird empfohlen, die Stadt zu verlassen.« Jemand hatte darunter geschrieben »Wohin?« Wir aber verließen die Stadt nicht, sondern harrten während des Heranrückens und Eindringens der Russen eine Woche lang im Luftschutzkeller aus. Das war alles andere als anheimelnd, dennoch waren die Bombardements der Russen harmloser als die Luftangriffe der westlichen Alliierten, weil keine sehr schweren Geschütze eingesetzt wurden. Und eines Tages standen sie im Luftschutzkeller, ohne uns jedoch ein Haar zu krümmen. Vielleicht hatten wir nur Glück. Kaum ans Tageslicht zurückgekehrt, erkrankte ich an Masern mit 40°C

Fieber. Aber die Erleichterung über das Ende der Kriegshandlungen, vor allem der Bombenangriffe, war unbeschreiblich groß.

Ich weiß nicht, wie es meinem Vater gelungen ist, mit jenen Kräften Kontakt aufzunehmen, die nun das Schicksal des wieder etablierten Österreich bestimmten. Karl Renner bestellte ihn zum Konsulenten der Provisorischen Staatsregierung für verfassungsrechtliche Fragen; die Repräsentanten der Universität Wien wählten ihn zum ersten Rektor. Als solcher stand ihm eine wahre Herkulesarbeit bevor, war doch auch die Universität durch die Kriegsereignisse massiv geschädigt. Dazu kamen intensive Personalprobleme, weil die »Entnazifizierung« durchgeführt werden musste und sich daraus viele Lücken ergaben.

Sehr bald schon nahm das Akademische Gymnasium den Lehrbetrieb wieder auf. Nur wenige meiner ursprünglichen Klassenkollegen waren da, einige kamen erst im Herbst zurück.

Für mich bedeutete dies nun der Eintritt in eine ganz andere Welt. Ich war religiös erzogen, mit Beten, Sonntagsmesse und Osterbeichte. Den »Beichtspiegel« nahm die Mutter mit mir durch, was auch nicht gerade ein Idealzustand war. Zumal er Begriffe enthielt, die ein Kind nicht verstehen konnte. Der Kirche war während der Nazizeit jede systematische Jugendarbeit untersagt, was nicht ausschloss, dass diese im Geheimen stattfand. So auch in der Residenz der Jesuiten am Universitätsplatz. Während der Nazizeit hatten die Eltern mich nicht dorthin geschickt, weil es ihnen zu gefährlich erschienen war. Aber nun wehte ein anderer Wind und ich wurde noch im Mai in diese Gemeinschaft aufgenommen. Da gab es nun Glaubensstunden, Heimabende und regelmäßiges Ministrieren für mich. Und es gab die Marianische Kongregation.

Wohl bedingt durch die lange Isolierung hatte ich bei der Eingliederung in diese Gemeinschaft deutliche Schwierigkeiten. Meine Eindrücke waren ambivalent. Die älteren Kollegen zeigten sich mir nicht sonderlich wohlgesinnt, mit den gleichaltrigen verstand ich mich jedoch recht gut, auch wenn eine gewisse Hackordnung existierte. Ebenso machte ich mit den Jesuiten ziemlich unterschiedliche Erfahrungen und schließlich auch mit der spezifischen Form der Religionsausübung. Es war üblich, dass Ministranten zur Kommunion gingen, was in der Pubertät von gewissen Schwierigkeiten begleitet ist. Ich weiß nicht, wie meine Kollegen das Problem gelöst haben, aber ich hatte zeitlebens Schwierigkeiten mit dem Begriff der »Würdigkeit« als Voraussetzung für den Kommunionsempfang. Man darf sich ja dabei nicht im Zustand der »schweren Sünde« befinden, aber in einen solchen zu geraten, ist angesichts der katholischen Sittenlehre keine Kunst. Für den Fall einer »schweren Sünde« wurde empfohlen, sogleich zur Beichte zu gehen, gegebenenfalls eben immer wieder und immer wieder zu beichten. Meiner Ansicht nach erzeugt man auf diese Weise Zwanghaftigkeit. Auch heute noch geistern solche Rezepte herum, wie ich einer aktuellen katholischen Publikation entnommen habe, und so will es mir nicht als Zufall erscheinen, dass die in Österreich derzeit schwebende Krise zwischen Kardinal und Pfarrerinitiative sich u. a. an dem Thema »Zulassung zur Kommunion« entzündet hat.

Offenbar hat man mir meine Aufmüpfigkeit angemerkt. Von der Aufnahme in die Kongregation wurde ich zunächst zurückgestellt, obwohl ich sie angestrebt hatte. Warum genau, weiß ich nicht mehr, jedenfalls waren die »Großen«, die älteren Kollegen, am Werk. Mit meinen Ministrantendiensten war man zunächst auch nicht recht zufrieden. Kompensatorisch habe ich mich später um das Amt des Oberministranten bemüht und dieses auch erhalten, allerdings nach anfänglichem heftigem Widerstand des damals verantwortlichen Paters, der später selbst Schwierigkeiten mit seinem Orden bekam, nachdem sein äußerst autoritärer Stil offenbar auch seinen Oberen aufgefallen war. Einmal wurde ich sogar gemeinsam mit einem Kollegen zum Pater Provinzial gerufen, der wissen wollte, wie wir mit jenem Pater zurechtkämen. Bevor ich noch etwas sagen konnte, ergriff der Kollege das Wort und erklärte, dass alles bestens sei. Dieses Erlebnis habe ich als recht zwiespältig in Erinnerung; wenn Pater Provinzial die Situation wirklich erfahren wollte, hätte er eine getrennte Befragung durchführen und die Resultate vergleichen müssen.

Ich habe mir jedenfalls alles immer sehr zu Herzen genommen. Wenn etwas nicht so richtig lief, suchte ich regelmäßig die Schuld bei mir selbst und nicht beim System. Insgesamt war der Zeitaufwand für die erwähnten Veranstaltungen sehr groß und bedeutete neben der Schule eine beträchtliche Belastung. Übrigens tauchten etliche Schulkollegen später auch auf dem Universitätsplatz auf.

Der schulische Druck war gewaltig. Wirkte früher der politische Faktor hemmend, so lastete jetzt die Verpflichtung auf mir, dem Vater, der 1946 zum Präsidenten des Verfassungsgerichtshofes ernannt worden war, keine Schande zu machen. Das war nicht immer leicht, denn mit der Mathematik konnte ich mich weiterhin nicht versöhnen.

Neben Schule und Universitätsplatz gab es auch entspannende Momente. Schon 1946 besuchte ich mit den Eltern die Salzburger Festspiele. Damals gab es in Salzburg-Parsch den Gasthof Eder, in dem sich die »schwarzen« Prominenten trafen. Dort wurde für damalige Verhältnisse hervorragend gekocht. In den folgenden Jahren entwickelte sich der Festspielbesuch fast zur Selbstverständlichkeit. 1947 sah ich erstmals den »Rosenkavalier« und wusste mir damals gar nichts mit dieser Oper anzufangen. Aber schon im nächsten Jahr in der – in das Theater an der Wien verlegten – Wiener Staatsoper war ich vom »Rosenkavalier« begeistert und bin es noch heute. Überhaupt frequentierte ich mit den Eltern sehr häufig das Theater an der Wien, übrigens auch das »Ronacher«, das damals als Ausweichquartier für das Burgtheater diente. Es gab immer wieder mitreißende Aufführungen. Zu Beginn des Jahres 1950 hatten die »Meistersinger von Nürnberg« Premiere. Sie durften nach dem Krieg längere Zeit wegen der darin enthaltenen Deutschtümelei nicht gespielt werden. Dann gab es endlich diese Premiere mit dem unvergleichlichen Paul Schöffler als Hans Sachs, mit Irmgard Seefried, Max Lorenz und Erich Kunz. Dem sonst so bewährten Max Lorenz bereitete die anstrengende Partie des Walther von Stolzing beträchtliche Schwierigkeiten: Ich erinnere mich, dass er in der letzten Szene bei Spitzentönen nur mehr den Mund aufmachte. Damit möchte ich aber nichts gegen diesen prinzipiell so ausgezeichneten Sänger sagen, der immer wieder, nicht zuletzt als Verdis »Otello«, Jubelstürme auslöste.

Und natürlich war da die Tanzschule Elmayer-Vestenbrugg. Besondere Erfolge hatte ich dort allerdings nicht zu verzeichnen. Das war jedoch – wie ich glaube – nicht so sehr die Folge der jesuitischen Erziehung, sondern es zeigten sich bereits die Schatten einer intrafamiliären Entwicklung, von der noch die Rede sein wird.

Meine Eltern waren einander in großer Loyalität verbunden, aber sie passten einfach nicht zueinander. Meine Mutter hatte ursprünglich auch lange gezögert, bis sie sich zur Ehe entscheiden konnte, und bald stellte sich mehr und mehr heraus, dass ich der eigentliche Kitt war, der beide zusammenhielt. Die Mutter sah in mir das Ersatzobjekt für so manche gefühlsmäßige Frustration – ein düsteres Vorzeichen für künftige emotionale Entwicklungen. Schon in der Tanzschule bekämpfte sie hübsche, junge »Konkurrentinnen«, und diese Haltung besserte sich auch in den späteren Jahren nicht, eher im Gegenteil.

Bei dieser Konstellation war es also einigermaßen schwierig, den eigenen Weg zu finden.

Zu meiner Zeit wurden junge Mädchen in zwei Kategorien eingeteilt: die anständigen und die nicht anständigen. Anständig waren jene, die voreheliche sexuelle Kontakte ablehnten. Auf jeden Fall wollten sie nichts riskieren, denn die Pille gab es damals nicht. Die meisten Mädchen in meiner Gesellschaftsschicht waren also »anständig« im oben dargestellten Sinn. Aus welchen Gründen immer; sicherlich spielten durchaus lautere Motive eine Rolle, aber häufig handelte es sich um Angst vor der Sünde oder auch um Berechnung. Das wird es auch immer geben, jedoch hat sich die Einstellung zur Eheschließung heute sehr gewandelt und ist vernünftiger geworden, können sich doch junge Menschen weitgehend nicht daran erinnern, dass sie sich mit ihrem Taufversprechen zur Keuschheit, das heißt zur Enthaltsamkeit vor der Eheschließung, verpflichtet haben.

Aber zurück zur Schule. Da entwickelten sich nun zum Unterschied von früher echte persönliche Beziehungen und gute Kameradschaft, ein erfreulicher Ausgleich für die problematische häusliche Situation. Und endlich kam dann die Matura, die ich gerade noch mit Auszeichnung absolvierte. Meinem Vater war das unendlich wichtig. Der Druck hörte also nicht auf, sondern setzte sich weiter fort.

2 *Studium und erste Schritte im Berufsleben*

Mit dem Schulabschluss stellte sich die Frage der Berufswahl. Natürlich wollte ich studieren. Mein Vater betonte, er wolle mich zu nichts drängen, aber es war klar, dass ihm das Jusstudium vorschwebte. Auch hatte ich keine echte Alternative. Das Studium der Medizin, die mich in der späteren Kindheit sehr beschäftigt hatte, schied aus, weil ich mit den mathematisch orientierten Fächern immer noch auf Kriegsfuß stand. Außerdem bedurfte es dafür einer technischen Begabung und Geschicklichkeit, die mir fehlte.

Also begann ich das Studium der Rechtswissenschaft in Wien. Wahrscheinlich war das – alles in allem genommen – die richtige Entscheidung. Aber sie hatte auch ihre Schönheitsfehler. Der erste betraf den Studienort. Es ist nicht gut, an einer Fakultät zu studieren, an welcher der Vater Professor ist. Das schafft Asymmetrien in mehreren Richtungen: Einerseits ist man privilegiert, andererseits wird man besonders kritisch beobachtet. Zweitens wäre ein Auslandsaufenthalt dringend notwendig gewesen. Es gab zwar in meiner Altersklasse jede Menge von Fulbright-Stipendiaten, aber mir kam nicht in den Sinn, eines anzustreben, teils aus Bequemlichkeit, teils aus dem Bewusstsein der vorher erwähnten »Kitt-Funktion«. Insgesamt wohl ein Fehler, der sich allerdings in meiner späteren Berufslaufbahn nicht allzu nachteilig ausgewirkt hat.

Auch sonst hatte ich mit Problemen zu kämpfen. Nach der damaligen Gestaltung des Jusstudiums musste man sich im ersten Studienabschnitt intensiv mit Römischem Recht, Deutschem Recht und Kirchenrecht befassen. Ich jedoch sah keinen wirklichen Sinn darin, und die Detailverliebtheit, mit der manche Vortragende die Sache betrieben, schreckte mich eher ab. Rechtsgeschichte im Rechtsstudium hat ihren guten Sinn, wenn sie auf das geltende Recht hin orientiert und nicht nur Selbstzweck ist. Meine guten Lateinkenntnisse erwiesen sich als hilfreich, aber insgesamt war ich eher faul und empfand das Studium als langweilig. Leider spielte dabei auch die Vorstellung eine Rolle, ich hätte mich in der Schule schon genug für das weitere Leben angestrengt. Eine sinnvolle Berufstätigkeit nebenher hätte mir vielleicht gut getan, anstatt nur zu studieren.

Die Einführungsvorlesung in die Grundbegriffe von Recht und Staat, die von Alfred Verdross gehalten wurde, hinterließ dann doch einen sehr positiven Eindruck in mir. Viel gelernt habe ich in der Pflichtübung aus Kirchenrecht, die Erwin Melichar veranstaltet hat. Damals hätte niemand gedacht, dass Melichar ein Nachfolger meines Vaters als Präsident des Verfassungsgerichtshofes sein und ich selbst wiederum Melichar nachfolgen würde.

Jedenfalls habe ich die erste Staatsprüfung nur mit »einstimmig genügendem« Erfolg abgelegt. Mein Vater fiel aus allen Wolken und empfand das Kalkül als persönliche Beleidigung durch mich. Prompt fand ich am nächsten Tag mein Zimmer voll gefüllt mit juristischer Literatur für den zweiten (»judiziellen«) Studienabschnitt vor, und mein Vater versäumte auch nicht, mir mitzuteilen, bei einem besseren Prüfungsergebnis hätte ich mehr bekommen, so aber …

Zu meinen Lehrern zählten so bedeutende Persönlichkeiten wie Fritz Schwind, Hans Schima, Heinrich Demelius und vor allem Roland Grassberger. Letzterer trug nicht nur Strafrecht, sondern auch Kriminologie vor, die sich in meinen Augen als empirische Wissenschaft wohltuend von den sonstigen Richtungen abhob. Ich hatte gute Freunde und Kollegen, wie Willibald Pahr, Theo Mayer-Maly, Alexander Deskovic, Peter Reindl und Franz Eckert. Sie waren mir zum größeren Teil weit überlegen, was juristisches Verständnis und auch Lebensklugheit anlangte.

Der Jurist unterscheidet zwischen dem durch menschliche Setzung (Gesetze, Verträge, Gewohnheiten) begründeten und empirisch nachweisbaren »positiven Recht« und dem von menschlicher Setzung unabhängigen »präpositiven Recht«. Für den konsequenten Rechtspositivisten, wie Hans Kelsen einer war, gibt es überhaupt nur »positives Recht«; um dieses von reinen Gewaltakten unterscheiden zu können, muss man freilich die Annahme machen, dass dieses »positive Recht« eine Rechtspflicht begründet. Die Frage der sittlichen Verpflichtung klammert ein Rechtspositivist als wissenschaftlich nicht lösbar aus. Ganz anders die an präpositiven Rechtsnormen orientierten Denkschulen; für sie ist ein »Naturrecht« sowohl erkenntnistheoretische Grundlage des »positiven Rechts« als auch sittliche Verpflichtung. So lehrt es auch die katholische Kirche, und das war für mich während des Studiums die Grundlage des Rechtsverständnisses. Eben wegen dieser vorausgesetzten Einheit von Recht und Sittlichkeit hatte ich gewisse Schwierigkeiten mit den formalen Eigenheiten des Rechts, vor allem mit den Besonderheiten des Rechtswegesystems.

Als ich die zweite Staatsprüfung ablegte, stellte sich der alte Zwang wieder ein: Mein Vater prüfte mich regelrecht ab. Natürlich steigerte dies meine Begeisterung keineswegs, musste ich sein Vorgehen doch als demütigend empfinden, als gerechte Demütigung, angesichts der missglückten ersten Staatsprüfung. Dies hatte zur Folge, dass ich das Recht primär als Prüfungsgegenstand und nicht als Teil der Lebenswelt erfuhr, eine unglückliche Prägung, die sich tief in das spätere Berufsleben hinein fortpflanzte.

Immerhin brachte ich es jedoch bei der zweiten Staatsprüfung zu einem »Einstimmig gut« und beim Rigorosum sogar zu einer »mehrstimmigen Auszeichnung«. Aber dieser Zwang hatte zur Folge, dass mich heute noch ein Schaudern erfasst, wenn ich den rechtstheoretischen Ausdruck »Zwangsnorm« höre. Zu nahe liegt die Assoziation zum Begriff »Zwangsneurose«, auch wenn dieser natürlich etwas völlig Anderes meint. Eine sehr bedeutende Neurologin, die leider schon verstorben ist, prägte den Satz: »Die Juristen sind alle zwanghaft.« Vielleicht übertrieben, aber nicht ohne wahren Kern. Mein Vater jedenfalls wies deutlich zwanghafte Züge auf. Ich erwähnte bereits, dass er mir als Fünfjährigem erfolglos Ordnung beibringen wollte, ohne mir den Sinn dahinter zu erklären. Mittlerweile habe ich es als Jurist immerhin zu etwas gebracht, aber zur Ordnung habe ich, außer was Kleidung und Körperpflege betrifft, nach wie vor ein gestörtes Verhältnis. Und meine Mutter war noch unordentlicher als ich; das hat vielleicht auch eine Rolle gespielt.

Im dritten Studienabschnitt folgten Staatslehre, Verfassungsrecht, Verwaltungsrecht, Völkerrecht und Wirtschaftswissenschaften; und eine von Alfred Verdross gegebene Einführung in die Rechtsphilosophie, über die ein Kolloquium abzulegen war. Verdross, ein Rechtsphilosoph, Völkerrechtler und Rechtstheoretiker von internationaler Reputation, war einer der ganz wenigen Freunde meines Vaters. Mit seiner jüngsten Tochter ging ich in die Tanzschule, und er begegnete mir stets mit großem Wohlwollen und ebensolcher Freundlichkeit. Verdross gehörte zum Schülerkreis von Hans Kelsen, dessen agnostische Weltanschauung er freilich nicht teilte; vielmehr war er dem katholischen Weltbild verbunden und daher auch ein gemäßigter Verfechter der Naturrechtslehre.

Hans Kelsen (1881–1972) war sicher einer der größten Rechtstheoretiker, die es jemals gegeben hat. Er war auch in maßgebender Weise am Zustandekommen der Österreichischen Bundesverfassung beteiligt. Sein berühmtestes Buch, »Reine Rechtslehre«, setzt sich zum Ziel, die Rechtswissenschaft von allen »außerrechtlichen« – wie ethischen und soziologischen – Fragestellungen zu »reinigen«. Er war Agnostiker und Wertrelativist. Nun kann man sagen, dass das Grundgerüst der »Reinen Rechtslehre« auch ohne eine solche ideologische Position bestehen könnte, ich glaube freilich, dass ohne dieselbe manches in der »Reinen Rechtslehre« anders geschrieben worden wäre. Vieles klingt doch überflüssig schroff.

Kelsen setzte sich auch intensiv mit den Themen »Naturrecht« und »Gerechtigkeit« auseinander. Diese beiden Themen sind nicht identisch, aber sie hängen eng zusammen. Für viele ist die Vorstellung unerträglich, dass Recht nur das sein sollte, was ein gerade aktueller Machthaber befiehlt. »Gerechtigkeit« ist ohne Zweifel ein äußerst schwieriges Thema; eine absolute und eine mathematische Gerechtigkeit ist ein Ideal, aber auf der Welt nicht realisierbar. Für Kelsen ist sie nicht ein Ideal, sondern eine Illusion. Ein von der menschlichen Rechtsetzung unabhängiges Naturrecht ist in seinen Augen eine metaphysische Spekulation. Wenn man von dem Wissenschaftsbegriff ausgeht, den Kelsen vertritt, ist dies verständlich. Die Frage, ob es von der menschlichen Setzung unabhängige Normen und Werte gibt, geht weit über den Bereich des Juristischen hinaus. Jede Rechtsordnung orientiert sich an Wertvorstellungen, die im Laufe der Zeit variieren können und auch, kulturell bedingt, unterschiedlich sind. Konstant bleibt aber die Ordnungsfunktion des Rechts. Und so ist es nicht weiter überraschend, dass Kelsen diese Ordnungsfunktion als das allein wissenschaftlich Fassbare am Recht gesehen und sein System daran orientiert hat. Ich verstehe das; aber es ist mir angesichts meines bereits geschilderten zwiespältigen Verhältnisses zur Ordnung immer »gegen den Strich« gegangen.

Alfred Verdross akzeptierte die rechtstheoretische Leistung der Reinen Rechtslehre durchaus, nicht aber deren ideologische Grundlage. Ich folgte ihm in dieser Position, und die Thematik beschäftigt mich bis heute. Für meine Person habe ich eine Lösung gefunden, wie noch darzulegen sein wird. Bei der sicher notwendigen Unterscheidung von positivem Recht und – vorausgesetztem – Naturrecht gibt es vielfache Nuancierungen. Dies zeigt sich vor allem bei der

Interpretation positivrechtlicher Vorschriften und bei der Beantwortung der Frage, woher denn die Verbindlichkeit positiver Rechtsvorschriften komme. Aber darüber, wie erwähnt, später.

Der Abschuss des zweiten Studienabschnittes brachte für mich eine bedeutende Wende. Am Institut für Kriminologie (Vorstand Roland Grassberger) war die Stelle einer halbtägigen wissenschaftlichen Hilfskraft zu besetzen. Ich bekam sie und war sehr glücklich darüber. Die Kriminologie ist ja, ich deutete es bereits an, keine normative, sondern eine empirische Wissenschaft, und Grassberger war eine international anerkannte Autorität auf diesem Gebiet. Als wissenschaftliche Hilfskraft durfte ich bei Studien, aber auch bei der Erstellung von Gutachten, hauptsächlich Schriftgutachten, mitwirken. Hochinteressant gestalteten sich Grassbergers tägliche Gespräche mit den Institutsmitarbeitern beim Tee. Er war über das Wissenschaftliche hinaus ein hervorragender Menschenkenner, und später wählte ihn die Universität Wien auch zu ihrem Rektor.

Die Arbeit am Institut für Kriminologie hatte freilich zur Folge, dass ich für die Lehrveranstaltungen des dritten Studienabschnittes wenig Interesse erübrigte. Und so konnte es nicht ausbleiben, dass sich mein Vater bei einem Test vor der dritten Staatsprüfung wieder einmal entsetzt zeigte. Das war umso dramatischer, als sich die ersten Zeichen seiner Todeskrankheit bemerkbar machten. Er musste sich einer urologischen Operation unterziehen, bei der offenbar mehr entdeckt wurde, als man mir damals noch verraten wollte.

Bei der Staatsprüfung brachte ich es auf »Mehrstimmig gut«, wobei das »Mehrstimmig« auf das Konto von Völkerrecht und Wirtschaftswissenschaften ging. Zugegeben, ich hatte beides gegenüber dem Verfassungs- und dem Verwaltungsrecht vernachlässigt und die Wirtschaftswissenschaften weitgehend gar nicht richtig verstanden. Erst viele Jahre später, als Professor an der Universität Graz, wo die Wirtschaftswissenschaften hervorragende Vertreter hatten, begann mein Interesse an diesem Fach. Beim Rigorosum erhielt ich schließlich wieder eine mehrstimmige Auszeichnung.

Nun war nur mehr eine Hürde zu nehmen, nämlich das so genannte »Romanum«, das Rigorosum in den rechtshistorischen Fächern, das auf Basis der damaligen Überschätzung dieser Fächer an den Schluss des Studiums gestellt war. Man konnte es schon sechs Wochen nach dem staatswissenschaftlichen Rigorosum ablegen. Davon hatte ich Gebrauch gemacht und eine einstimmige Auszeichnung erhalten, mein bestes Kalkül während des ganzen Studiums.

Die Anstrengungen der vorausgegangenen Monate hatten mich allerdings sehr mitgenommen, und ich hatte wochenlang abends subfebrile Temperatur, ohne dass man dagegen etwas hätte tun können.

Nach glücklich absolviertem Studium stellte sich nun die Frage nach dem Beruf. Mir war mittlerweile klar geworden, dass die hauptberufliche Beschäftigung mit Kriminologie nicht meine Sache war, vor allem wegen der technischen Anforderungen, die ich nicht mitbrachte. Mein Vater riet mir daher zum Eintritt in den niederösterreichischen Landesdienst mit Anfang Januar 1955 und intervenierte für mich sogar bei Landeshauptmann Steinböck. Ein klarer Fall von Protektion, die allerdings in den unterschiedlichsten Formen auftreten kann: Andere Bewerber hatten andere Protektoren.

Vor Dienstantritt sollte ich noch eine rudimentäre Gerichtspraxis absolvieren, was ich auch tat, und zwar zunächst bei einem Untersuchungsrichter des Landesgerichts für Strafsachen Wien, dann beim Strafbezirksgericht Wien, beim Bezirksgericht Innere Stadt Wien und beim Bezirksgericht für Handelssachen. Meine Erfahrungen dabei waren denkbar schlecht. Als ärgerlich erschien mir zunächst einmal, dass ich angesichts des Einkommens meines Vaters kein finanzielles »Adjutum« erhielt, denn ein solches war damals nicht gesetzlich geregelt, und es gab keinen Anspruch. Dann aber missfiel mir auch die richterliche Welt mit ihrer Kälte und der mitunter deutlichen Grobheit erheblich. Die Verpflichtung des Richters, zu entscheiden und nicht herumzureden, nährt nun einmal die Neigung zur Grobheit, wobei allerdings keineswegs ein notwendiger Zusammenhang bestehen muss.

Es fehlte mir letztlich die rechte Freude an der Gerichtspraxis, wozu eine gewisse Weltfremdheit noch das ihrige beitrug. Rechtspraktikanten wurden damals zudem vielfach unter ihrem Ausbildungsniveau eingesetzt. Freilich zeigte sich bei mir auch das mangelnde Interesse an Zivilrecht und Strafrecht. Trotzdem bemühte ich mich um eine halbwegs ordentliche Leistung, nicht immer mit Erfolg. Der Untersuchungsrichter, bei dem ich meine Gerichtspraxis begann, schleuderte mir mehr als einmal entgegen: »Schauen Sie, Kollege, was Sie da wieder (sic!) gemacht haben.« Allerdings behandelte er nicht nur mich so unfreundlich. Seine Schreibkraft, die ihm eine Frage zu einem Diktat stellte, kriegte zu hören: »Ihre Schande, dass Sie es noch nicht geschrieben haben.«

Schlussendlich erhielt ich ein Zeugnis, in dem meine Fähigkeiten teils mit »Ausgezeichnet«, teils mit »Sehr gut« und mein Verwendungserfolg durchgehend mit »Sehr gut« beurteilt waren. Klingt wunderbar, aber man muss die differenzierte Ausdrucksweise der Justiz bedenken. Im Resultat bedeutete diese Klassifizierung »mittelmäßig«.

Ich bin überzeugt: Hätte ich mich für den richterlichen Vorbereitungsdienst interessiert, wäre ich nicht genommen worden. Aber Gott sei Dank stellte sich das Problem nicht. Am 3. Januar 1955 trat ich den Dienst beim Land Niederösterreich, nämlich bei der damals in Wien gelegenen Bezirkshauptmannschaft Wien-Umgebung, an. Erst in diesem Umfeld begann mich die Rechtsanwendung so richtig zu interessieren und fand ich mich in einer Atmosphäre wieder, in der ich mich wohlfühlen konnte.

Ende Januar 1955 geschah es auch, dass mein Vater in der Wohnung stürzte und sich einen Oberschenkelbruch zuzog, und zwar aufgrund von Metastasen im Knochen, die als Folge eines Prostatakrebsleidens aufgetreten waren. Seitdem konnte er das Spitalsbett nicht mehr verlassen; nur die allerletzten Tage seines Lebens verbrachte er zu Hause – eine Zeit qualvollen Leidens, das mit seinem Tod am 23. September 1955 ein Ende nahm.

Mein Vater hatte sich zeitlebens bemüht, mir jeden Stein aus dem Weg zu räumen. Er warf mir immer mangelnde Selbständigkeit vor, aber andererseits war er es, der dieses Manko verursacht und gefördert hatte. Auch die Beziehung zu meiner Mutter hatte sich schon lange schwierig gestaltet, was für mich nach seinem Tod zur zusätzlichen großen Belastung wurde, denn für meine Mutter war ich nun die einzige Bezugsperson.

Bezeichnend für unsere Vater-Sohn-Beziehung war auch, dass mein Vater häufig in Form schriftlicher Botschaften, die meistens nichts Gutes verhießen, mit mir zu verkehren pflegte. Ich erinnere mich, wie ich während eines Sommeraufenthaltes in Umhausen/Ötztal einen harmlosen Flirt mit der Hotelsekretärin, einer geschiedenen Frau, begann und mein Vater nicht müde wurde, mit Entsetzen (sic!) auf diesen Umstand hinzuweisen, auch in schriftlicher Form.

Er war sicherlich ein Riese puncto Fleiß und Arbeitskraft. Seine enorme Intelligenz war stark funktional orientiert. Ich habe mich im tiefenpsychologischen Sinn mit ihm stark identifiziert, aber ich war eben nicht nur Kopie, obwohl ich mich als solche fühlte. Ich bemühte mich, anders zu sein, allerdings erwies sich der Identifikationsprozess als tief verinnerlicht. Ich musste 19 Jahre als Präsident des Verfassungsgerichtshofes hinter mich bringen, um diese Bürde abzustreifen. Immer wieder machten sich deutliche Unsicherheiten bemerkbar, auch eine gewisse Abneigung gegen die eigene Berufstätigkeit, die ich bei solchen Gelegenheiten offenbar nicht als die wirklich eigene Berufung empfand. Das löste Sekundärkonflikte aus, über die noch zu berichten sein wird. Und immer wieder die quälende Frage, was man denn wirklich selbst geleistet habe, ohne in den oft zitierten »Fußstapfen des Vaters« zu wandeln und in seinem Schatten zu stehen. Tatsächlich glich meine berufliche Laufbahn der seinen wie ein Ei dem anderen, freilich mit einigen Nuancierungen. Sektionschef ist mein Vater nie gewesen, und ich war mächtig stolz darauf, dass ich es wurde. Umgekehrt bekleidete ich nie den Posten des Justizministers, wenn dies auch in greifbarer Nähe gewesen wäre. Und ich konnte die Bücher meines Vaters zwar fortführen, wäre aber kaum in der Lage gewesen, sie zu schaffen. Seine Liebe zum Detail, nicht ohne Pedanterie, geht mir völlig ab.

In seiner Weltanschauung war mein Vater unbeugsam, fast starr, nicht immer zu meiner Freude. Er war aber ein unglaublich gebildeter und musischer Mensch. Oper und Theater waren ihm ein vitales Bedürfnis, und er fühlte sich der Antike zutiefst verbunden. Für Eskapaden jedoch, zu denen junge Menschen nun einmal neigen, hatte er kein Verständnis. Eines seiner Lieblingsbücher war die sehr positiv abgefasste Biographie von Pfandl über Phillip II., König von Spanien, jenes Buch, das er während des dramatischen Bombenangriffs, den ich weiter oben beschrieben habe, las. Kein Zweifel: Mein Vater hat Phillip bewundert, womit eigentlich schon alles gesagt ist. Er war Verfechter des monarchischen Gottesgnadentums, das mit einschließt, dass der Monarch nicht zurücktreten darf. Obwohl selbst nicht ein bekennender Vertreter der Reinen Rechtslehre Hans Kelsens, stand er dieser doch sehr nahe, trotz mancher für einen gläubigen Katholiken schwer nachvollziehbarer Prämissen, wie etwa dem fast militanten Agnostizismus. Vielleicht ist es die zwanghafte Neigung zur Präzision, die mein Vater mit Kelsen teilte.

So unzufrieden ich während der Gerichtspraxis war, so zufrieden war ich in der Bezirkshauptmannschaft Wien-

Umgebung. Auch dort ging es ja um Gesetzesvollziehung, aber die Atmosphäre war eine völlig andere. Als »Vertragsbediensteter des rechtskundigen Verwaltungsdienstes« stellte man immerhin etwas dar. Bezirkshauptmann Franz Baumgartner war ein gestrenger und ehrgeiziger Herr, der später Landesamtsdirektor, also »Chefbeamter« des Landes, wurde.

Nach der unerwarteten Zustimmung der sowjetischen Besatzungsmacht zum »Gebietsänderungsgesetz« im Jahr 1954 kehrten die so genannten »Randgemeinden« Wiens wieder zu Niederösterreich zurück. Und zwar zum größeren Teil als Bezirk Wien-Umgebung, zum geringeren Teil als Bezirk Mödling. Der Bezirk Wien-Umgebung umfasste zunächst die nördlichen, westlichen, östlichen und südöstlichen Randgemeinden, darunter die Großgemeinden Klosterneuburg und Schwechat. Bürgermeister von Schwechat war der sozialdemokratische Abgeordnete zum Nationalrat Alfred Horn, der sich permanent von der »schwarzen« Landesverwaltung schikaniert fühlte. Dabei handelte es sich gar nicht um Schikanen, sondern um Fehler aus Unachtsamkeit und Dummheit, die der Bürgermeister dem Bezirkshauptmann prompt vorzuhalten pflegte und die bei dem Letzteren regelmäßig Wutausbrüche auslösten. Franz Baumgartner war zweifellos ein sehr tüchtiger Bezirkshauptmann, wenngleich seine Stärke mehr auf organisatorischem als auf juristischem Gebiet lag. Sein Stellvertreter war Alfred Korn, ein exzellenter Jurist, dem ich später in seiner Eigenschaft als Leiter der Verbindungsstelle der Bundesländer wieder begegnete. Auch er war ein sachkundiger, aber eher strenger Herr, der mich auf so manchen Fehler hinwies.

Mit den Kollegen im Verwaltungsdienst verstand ich mich bestens, ja, ich konnte mich einer gewissen Beliebtheit erfreuen. Das Gewerbereferat, zu dem die Verkehrsangelegenheiten gehörten, durfte ich bald selbständig führen. Dazu gehörten auch so genannte Kommissionierungen, also die Abhaltung mündlicher Verhandlungen zur Genehmigung von Betriebsanlagen. Damals war es üblich, die per Dienstwagen angereiste Kommission zu bewirten. Bei mehreren Kommissionierungen an einem Tag kam da schon Einiges zusammen. Im Januar 1956 blieben wir bei der Fahrt zu einer Kommissionierung in einer Schneewächte stecken und mussten das Fahrzeug bei eisigem Wind wieder flott machen. Damals habe ich mir die Ohren erfroren, was ich bis zum heutigen Tag spüre. Der Amtsarzt der Bezirkshauptmannschaft schickte mich zur Ambulanz der Klinik für Haut- und Geschlechtskrankheiten, wo sich mir so mancher Einblick in eine nicht ganz reinliche Welt bot.

Am 23. September 1955 war mein Vater verstorben, und ich fand mich mit meiner Mutter allein in einer 368 m^2 großen Wohnung. An den Todesfall schlossen sich in persönlicher Hinsicht äußerst schwierige Jahre. Damals gab es noch keine Pensionsregelungen für Mitglieder des Verfassungsgerichtshofes, sodass meiner Mutter erst auf dem Gnadenweg eine Pension in Höhe derselben nach einem Präsidenten des Obersten Gerichtshofes oder des Verwaltungsgerichtshofes zuerkannt wurde. Dabei war uns Edwin Loebenstein, von dem gleich die Rede sein wird, außerordentlich behilflich.

Ich musste nun die so genannte »praktisch-politische Prüfung«, die Dienstprüfung, ablegen. Gemeinsam mit meinem Freund Willibald P. Pahr, der damals schon im Verfassungsdienst des Bundeskanzleramtes tätig war, habe ich sie abgelegt. Zwar bekam ich eine Auszeichnung im Verwaltungsverfahrensrecht, aber die Leistung war nicht optimal. Und dennoch wurde ich mit Wirkung vom 1. Oktober 1956 dem Verfassungsdienst des Bundeskanzleramtes zur Dienstleistung zugeteilt. Damit trat ich wieder in eine ganz andere Welt ein und hatte das vorläufige Ziel meiner Wünsche erreicht. Denn die Bedeutung des Verfassungsdienstes war mir bestens bekannt. Mein Freund Pahr arbeitete dort seit eineinhalb Jahren, ich kannte alle anderen Mitarbeiter, und vor allem natürlich kannte ich den Chef, Edwin Loebenstein.

3 *Verfassungsdienst*

Die Aufgaben des Verfassungsdienstes sind rechtlich sehr unterschiedlich zu qualifizieren. Er hat Hoheitsakte vorzubereiten, wie Regierungsvorlagen im Rahmen seines Wirkungsbereiches, Äußerungen der Bundesregierung im Verfahren vor dem Verfassungsgerichtshof, Äußerungen der Bundesregierung zu Gesetzesbeschlüssen der Landtage. Er hat aber auch Gutachten abzugeben zu Gesetzesentwürfen und verfassungsrechtlichen Einzelfragen. Das ist rechtlich etwas qualitativ anderes als die Vorbereitung von Hoheitsakten. Sehr oft ist das Ergebnis nicht im Voraus klar. Man muss Judikatur und Literatur berücksichtigen; daraus kann sich eine gewisse Gewichtung ergeben. Aber häufig bleibt ein mehr oder weniger großer Spielraum. Im Rahmen dieses Spielraumes handelt es sich – wie Kelsen sagen würde – um eine politische Entscheidung. Und dieser Spielraum kann – je nach Geschicklichkeit – in der einen oder anderen Richtung genutzt werden.

Der Verfassungsdienst trifft keine rechtsförmlichen Entscheidungen, er ist kein Gericht. Hingegen ist der Verfassungsgerichtshof sehr wohl ein solches; über seine Kompetenzen wird noch zu sprechen sein.

Der Verfassungsdienst bestand schon in der Ersten Republik. Persönlichkeiten wie Merkl, Mannlicher, Froehlich und (durch sieben Jahre) mein Vater waren dort tätig. Hans Kelsen wirkte in der unmittelbaren Nachkriegszeit als Konsulent. Aber die Gestalt des Verfassungsdienstes, wie ich sie antraf, war das Werk Edwin Loebensteins.

Ging es nach dem Ersten Weltkrieg darum, die Grundlagen der neuen Republik zu schaffen, so war nach dem Zweiten Weltkrieg die wiederhergestellte Unabhängigkeit juristisch umzusetzen. Der Abschluss des Staatsvertrages war – mühsam genug – vorzubereiten, ebenso dann dessen Durchführung. Dazu kamen die Verfassungslegislative, die laufende Begutachtungstätigkeit von Gesetzesentwürfen und die Vertretung der Bundesregierung in Verfahren vor dem Verfassungsgerichtshof, außerdem Verwaltungsverfahrensrecht und Verwaltungsreform sowie noch etliche andere Kompetenzen.

Vor allem hatte man sich mit verfassungsrechtlichen Fragen zu befassen, bevor noch etwas – besonders in Form eines Verfahrens vor dem Verfassungsgerichtshof – »passiert« war.

Das tatsächliche Fundament für das Prestige des Verfassungsdienstes war das große Vertrauen, das Julius Raab in Edwin Loebenstein setzte. Zu keinem der späteren Bundeskanzler bestand eine vergleichbare Beziehung. Ich selbst war in der Hierarchie viel zu weit unten, als dass ich persönliche Kontakte und Erfahrungen mit Julius Raab hätte haben können; mit ihm führte ausschließlich Loebenstein Gespräche.

Loebenstein war geradezu der Prototyp des altösterreichischen Beamten, dem das Staatsganze wichtiger war als das Interesse einer politischen Partei. Von unglaublicher Arbeitskraft und ebensolchem Fleiß, stellte er hohe und höchste Anforderungen an seine Mitarbeiter. Natürlich konnte eine so starke Persönlichkeit sich nicht nur Freunde machen. Von Christian Broda ist der Ausspruch überliefert: »Edwin Loebenstein gehört zu den Leuten, die seit 1945 Österreich regieren.« Mit »regieren« war natürlich mehr als die rein administrative Verwaltungstätigkeit gemeint. So kam es dann während der Ministerschaft Brodas zu gelegentlichem »Funkenflug« zwischen ihm und Loebenstein. Letzterer erzählte selbst darüber. Einmal ließ ihn Broda durchs Telefon wissen: »Herr Sektionschef, ich muss Ihre Amtsführung kritisieren!« Ein anderes Mal drohte ihm Broda persönlich »Konsequenzen« an, wofür, habe ich mir nicht gemerkt. Natürlich spielte im Hintergrund Ideologie eine beträchtliche Rolle, denn Loebensteins konservative Grundhaltung war notorisch. Sein Vater Egon Loebenstein war in der Zwischenkriegszeit Sektionschef im Unterrichtsministerium und Leiter der

Hochschulsektion sowie des für Angelegenheiten der Religionsgesellschaften zuständigen Kultusamtes gewesen. Sein Einfluss reichte aber weit darüber hinaus. Von den Nazis zwangspensioniert, wurde er nach der Wiederherstellung der österreichischen Unabhängigkeit Mitglied und ständiger Referent des Verfassungsgerichtshofes. So gab es natürlich eine enge Verbindung von zwei Generationen Loebenstein zu meinem Vater. Meine Tätigkeit im Verfassungsdienst war die Fortsetzung der familiären Situation mit anderen Mitteln. Zweifellos war Edwin Loebenstein für mich ein ausgeprägtes Vaterbild, wenn auch, was die äußere Erscheinung betraf, ganz anders.

Die Assoziation reichte bis in Details. Nach der damaligen Praxis der Aktenbehandlung musste in Erledigungsentwürfen ein Rand für die Anbringung von Korrekturen und Bemerkungen freigelassen werden. Edwin Loebenstein machte ausgiebig davon Gebrauch. Jeder einigermaßen wichtige Akt war übersät mit in schönster Kurzschrift angebrachten Bemerkungen, und man hatte dann Rücksprache zu pflegen. Es herrschte strengstes Approbationsprinzip. Man hätte gern auch einmal den eigenen Namen unter einer Erledigung gesehen, das aber war erst viel später möglich. Reminiszenzen an die Schulzeit lagen nahe. Ich hatte allerdings auch Gelegenheit zur »Selbstentfaltung«, vor allem, wenn ich vor dem Verfassungsgerichtshof plädieren musste. Sonst jedoch gab es eine gewisse geistige Inzucht. Dennoch habe ich von Edwin Loebenstein unendlich viel gelernt, auch hier spielte der Faktor »Identifikation« eine nicht unwesentliche Rolle.

Alle Mitarbeiter waren im Verfassungsdienst mit großer Begeisterung am Werk. Es war eine Selbstverständlichkeit, dass man weit über die Dienstzeit hinaus blieb; bezahlte Überstunden gab es damals nicht.

Die naturgemäß sehr rechtspositivistische Arbeit im Verfassungsdienst war so intensiv, dass ich einen Ausgleich suchte und begann, mich mit Rechtsphilosophie zu beschäftigen. In den »Salzburger Nachrichten« schrieb in den Fünfzigerjahren der begnadete Journalist und Rechtsphilosoph René Marcic seine Betrachtungen. Er lebte philosophisch in der Welt der Antike und des Thomas von Aquin, war aber auch stark beeinflusst von Martin Heidegger. Letzterer war sicher ein bedeutender philosophischer Kopf, der in der Nachkriegszeit auch nicht-philosophische Disziplinen, wie etwa Psychiatrie und Theologie, beeinflusst hat. Zur Lösung konkreter Rechtsfragen konnte er freilich wenig beitragen. Außer René Marcic beschäftigten sich noch viele Rechtsphilosophen sehr eingehend mit ihm. René Marcic kommt aber auch das Verdienst zu, Hans Kelsen zu Fachdiskussionen nach Salzburg geholt zu haben. Kelsen hatte sich im Zuge der Ereignisse der Dreißigerjahre aus Wien entfernt und war nach Köln, von dort nach Prag und Genf gegangen. Vor dem Nationalsozialismus flüchtete er schließlich in die USA. Als relativistisch denkender Rechtstheoretiker und Rechtsphilosoph war er auch 1945 in konservativen Kreisen »persona non grata«. Zu diesen Kreisen gehörte Marcic, und es ist ihm umso höher anzurechnen, dass er in Salzburg Gespräche – auch mit Vertretern der Theologie – unter der Teilnahme von Kelsen initiierte. Marcic wurde dann nach der Wiedererrichtung der Universität Salzburg deren erster Rektor; er starb gemeinsam mit seiner Frau 1970 bei einem Flugzeugunglück. Marcic hatte auch großen Einfluss auf den späteren Bundeskanzler Josef Klaus, mit dem er sich in ideologischer Hinsicht einig war.

Als ich in den Verfassungsdienst kam, gab es nur vier weitere juristische Mitarbeiter, nämlich Hans Weiler, Hans Klecatsky, Felix Ermacora und Willibald Pahr. Felix Ermacora schied wenige Monate später aus. Weiler und Klecatsky waren beide zwölf Jahre älter als ich, somit Angehörige der aktiven Kriegsgeneration und entsprechend geprägt. Beide fungierten als Stellvertreter von Edwin Loebenstein im Fall seiner Abwesenheit.

Hans Weiler war ein unglaublich seriöser Mann, dem die Sache des Rechts zugleich eine religiöse war. Er war sehr autoritätsgläubig, und das brachte ihn in einen Ambivalenzkonflikt mit Loebenstein und seinen menschlichen Eigenheiten. 1966 fiel er einem tragischen Unfall am Strand von Bibione in Italien zum Opfer. Er ertrank beim Versuch, in Seenot geratene Personen zu retten.

Hans Klecatsky war zweifellos der brillanteste unter den Kollegen, ausgestattet sowohl mit juristischem Scharfsinn als auch mit beachtlicher Sprachgewalt. Im Unterschied von Hans Weiler irritierten ihn Edwin Loebensteins Eigenheiten wenig bis gar nicht. In einem Punkt waren sich Weiler und Klecatsky allerdings einig, nämlich darin, dass eine Gliederung des Verfassungsdienstes in Abteilungen anzustreben wäre. Edwin Loebenstein war nämlich mit Wirkung vom 1. Januar 1957 zum Sektionschef ernannt worden; dies war allerdings eine Frage der beamtenrechtlichen Dienstklasse und nicht der Funktion. Man konnte Sektionschef sein und trotzdem nicht Leiter einer Sektion, und man konnte Leiter einer Sektion sein und trotzdem nicht Sektionschef. Das neue Dienstrecht hat diese Unterscheidungen eingeebnet.

Loebenstein übte seine Tätigkeit im gleichen Stil aus wie bisher und sprach von sich selbst als »Referent«. Viele wichtige Sachen behandelte er im Alleingang, sehr zum Missvergnügen der genannten Herren. Klecatsky wurde 1959 in den Verwaltungsgerichtshof berufen und war dort Berichterstatter in der gleich zu schildernden Sache »Habsburg«. Das sollte das Fundament zu seiner weiteren Karriere bilden.

Willibald P. Pahr ist zwei Jahre älter als ich und nach seiner ganzen Ausrichtung ein Internationalist. Er war vor seiner Einberufung in den Verfassungsdienst Assistent bei Alfred Verdross. Schon sehr bald erkannte er die europäische Dimension des Grundrechtsschutzes und nahm an Sitzungen einschlägiger Komitees im Rahmen des Europarates teil. Seine ausgezeichneten Sprachkenntnisse halfen ihm dabei sehr, ebenso sein Organisationstalent. Mit Edwin Loebenstein verstand er sich bestens, mit Hans Weiler hingegen weniger gut.

Auf Julius Raab folgte zunächst Alfons Gorbach. Während seiner Amtszeit geriet die ÖVP-SPÖ-Koalition in eine schwere Krise. Grund dafür war zum einen ein massiver Konflikt in der Sache Otto Habsburg-Lothringen, zum anderen der Konflikt zwischen Franz Olah und seiner SPÖ.

Otto von Habsburg hatte gemäß dem Habsburgergesetz eine Verzichtserklärung hinsichtlich der Mitgliedschaft zum Haus Habsburg-Lothringen und die daraus gefolgerten Herrschaftsansprüche abgegeben und sich als getreuer Staatsbürger der Republik bekannt. Die SPÖ, allen voran Bruno Pittermann und Christian Broda, hielt diese Erklärung nicht für »ausreichend« im Sinne des Habsburgergesetzes und stellte ihre Glaubwürdigkeit in Frage.

1963 gab der Verwaltungsgerichtshof Otto von Habsburg Recht und entschied, dass die Erklärung ausreichend sei. Die juristische Begründung brachte vor allem Christian Broda in Rage. Die Sache hatte zur Folge, dass die SPÖ im Nationalrat zweimal gemeinsam mit der FPÖ gegen die ÖVP stimmte, was das Koalitionsklima schwer gefährden musste. Franz Olah, Präsident des Gewerkschaftsbundes und dann Bundesminister für Inneres, förderte diese Entwicklung. Allerdings geriet er selbst in einen heftigen Konflikt mit seiner Partei und wurde 1964 aus dieser ausgeschlossen. Er kandidierte dann bei den Nationalratswahlen 1966 und später bei den Wiener Gemeinderatswahlen mit einer eigenen Liste. Broda und Olah wurden zu Todfeinden, wobei auch der Konflikt um die »Kronen Zeitung« eine wesentliche Rolle spielte.

Während der Amtszeit Alfons Gorbachs kamen zwei weitere Kollegen in den Verfassungsdienst: Hans Kirschner und Josef Draxler. Beide wurden später in den Verwaltungsgerichtshof berufen. Strukturelle Veränderungen gab es zunächst keine.

Eine Zäsur in vielfacher Hinsicht brachte aber die Kanzlerschaft von Josef Klaus. Dieser hatte nämlich zum Unterschied von allen seinen Vorgängern seine sehr persönlichen Meinungen zu rechtlichen, insbesondere verfassungsrechtlichen Fragen; vor allem waren sie ihm ein echtes Anliegen. Die Position von Edwin Loebenstein als »Kronjuristen« war damit gefährdet. Dazu kam noch, dass die Umgangsformen von Klaus manchmal durchaus schroff waren. Er war der erste Bundeskanzler, der ein »Kabinett« installierte. Kabinettschef war zunächst Franz Karasek, später Alois Mock. Weitere Mitarbeiter waren Heinrich Neisser, Fritz Hoess und Thomas Klestil.

Weder Loebenstein noch der allmächtige Sektionschef Eduard Chaloupka waren über die Installierung eines Kabinetts glücklich. Vor allem Chaloupka hatte sehr darunter zu leiden, denn seine tatsächliche Macht war weit über die eines Präsidialchefs im Bundeskanzleramt hinausgegangen. Er spielte sogar die Rolle eines Koalitionskoordinators, solange es die »Große Koalition« gab.

Josef Klaus war ein Idealist mit durchaus positiver Beziehung zur Macht und der erste und bisher einzige Bundeskanzler mit echter Beziehung zum Recht. Edwin Loebenstein war in dieser Hinsicht dermaßen an die Rolle des Monopolisten gewöhnt, dass Konflikte vorprogrammiert waren. Dabei spielte auch der eigenwillige Arbeitsstil von Klaus eine Rolle, der ein Heft führte, in dem die von ihm erteilten Aufträge eingetragen waren. Etwas, das Loebenstein auf seiner eigenen Ebene ebenfalls betrieb.

Nach der Bildung der ÖVP-Alleinregierung im April 1966 wurde Hans Klecatsky Justizminister. Natürlich hatte er auch in verfassungsrechtlichen Fragen ein Wort mitzureden, was bei aller gegenseitigen Wertschätzung die Situation Loebensteins nicht immer erleichterte. In den seltenen Fällen, in denen ich Edwin Loebenstein zu vertreten hatte, habe ich mit Klaus durchaus gute Erfahrungen gemacht: Er hat seine Aufträge stets präzise formuliert und wusste solide Arbeit zu schätzen. Den ziemlich herrischen Ton, den er manch anderem gegenüber anschlug, bekam ich nicht zu spüren.

Hans R. Klecatsky war und ist eine der faszinierendsten und eigenwilligsten Persönlichkeiten im österreichischen Rechtsleben. Ein politischer Kopf, ausgesprochener Stratege, scharfsinniger Jurist, glänzender Stilist. Freilich ist seine Persönlichkeit nicht frei von Widersprüchen, neigt er doch zu extremen Positionen. Mit Stolz betont er, nie einer politischen Partei angehört zu haben. Seine politische Karriere verdankte er katholischen Kreisen, obwohl er selbst kein Klerikaler, sondern eher in die deutschnationale Richtung orientiert ist. Den heutigen Bundespräsidenten Heinz Fischer lud er zur Habilitation in Innsbruck ein. Dieser hat ihm das nie vergessen. Mit der EU steht Klecatsky nach wie vor auf totalem Kriegsfuß, und Südtirol ist ihm ein leidenschaftlich vertretenes Anliegen geblieben. Heute noch, mit über 90 Jahren, hält er Lehrveranstaltungen an der Innsbrucker Rechtsfakultät. Die Jugend hat er stets durch seinen engagierten Vortrag und seine Formulierungskunst fasziniert.

Mit Beginn des Jahres 1968 wurde der Verfassungsdienst in Abteilungen gegliedert, von denen die wichtigste von Edwin Loebenstein selbst geführt wurde und in der die anderen Abteilungsleiter Referenten waren. Außer mir wurden Pahr, Kirschner und Draxler zu Abteilungsleitern bestellt. Ein großer praktischer Unterschied gegenüber früher ergab sich nicht.

Klaus hatte Ende 1964 ein Expertenkollegium für Probleme der Grund- und Freiheitsrechte eingesetzt, um die 1920 nicht zustande gekommene Kodifikation vorzubereiten. Vorsitzender war Klaus selbst, der diese Funktion auch immer wieder ausübte, sein Stellvertreter war Loebenstein. Nach dem Tod von Hans Weiler wurde ich mit der Geschäftsführung betraut.

Als man 1920 das österreichische Bundes-Verfassungsgesetz verabschiedete, blieben einige wichtige Fragen offen. Dazu gehörte vor allem der Bereich der Grund- und Freiheitsrechte. Das ist jener verfassungsrechtliche Bereich, in dem Ideologie eine besondere Rolle spielt. 1920 konnte man sich darüber nicht einigen, vor allem Fragen der Familie, des Eigentums und der Erziehung waren kontroversiell. Man löste das Problem dadurch, dass man das aus 1867 stammende Staatsgrundgesetz über die Allgemeinen Rechte der Staatsbürger weiterhin im Verfassungsrang in Geltung ließ, mit einigen wenigen ergänzenden Regelungen. 1958 ist für Österreich die Europäische Menschenrechtskonvention in Kraft getreten, gemeinsam mit dem Ersten Zusatzprotokoll im Verfassungsrang. Diese Doppelgleisigkeit war ohne Zweifel unbefriedigend. Daher hat Josef Klaus den mühsamen Anlauf unternommen, eine Neugestaltung der Grundrechte vorzubereiten. Zu diesem Zweck setzte er das vorhin erwähnte Expertenkollegium ein. Das Kollegium war in jeder Hinsicht pluralistisch zusammengesetzt, sowohl was die politischen Meinungen betraf als auch hinsichtlich der juristischen Methodik. Persönlichkeiten wie Heinz Fischer, Heinrich Neisser, René Marcic, Hans Klecatsky, Wilhelm Rosenzweig, Robert Walter und Günther Winkler waren dabei. Die Beratungen waren von hohem Interesse. Es zeigten sich aber die gleichen Gegensätze wie schon 1920.

Meinungsverschiedenheiten gab es auch in methodischer Hinsicht; hier waren vor allem René Marcic und Robert Walter die Antipoden. Die Kodifikation steht noch heute aus; das Überhandnehmen internationaler Regelungen lässt ihr Zustandekommen noch unwahrscheinlicher werden, obwohl die amtierende Bundesregierung dies in ihrem Programm hat.

Nach den Wahlen vom 1. März 1970 wurde Bruno Kreisky Bundeskanzler. Auch er setzte ein Kabinett ein. Erster Leiter wurde Peter Jankowitsch. Die Beziehung Bruno Kreiskys zu Edwin Loebenstein war persönlich durchaus gut, aber natürlich war dieser als sehr konservativ bekannt und daher bei allem Wohlwollen ideologisch suspekt, von manchen geradezu als »reaktionär« bezeichnet. Dazu kam noch im Januar 1973 die Einsetzung eines Staatssekretärs im Bundeskanzleramt (Karl Lausecker), der sich nicht nur um Dienstrecht und Personalsachen, sondern auch um den Verfassungsdienst zu kümmern hatte. Lausecker kam von der Gewerkschaft, auch er wusste mit Loebenstein persönlich durchaus gut umzugehen. In der Sache sah es etwas anders aus, denn die politischen Konzeptionen der SPÖ-Alleinregierung waren nicht nach Loebensteins Geschmack. Es war insgesamt nicht überraschend, dass Loebenstein die Funktion des Präsidenten des Verwaltungsgerichtshofes anstrebte. Und im Mai 1973 auch erhielt. Der Präsident des Verfassungsgerichtshofes wäre ihm lieber gewesen, aber das hätte noch bis Ende 1977 gedauert und war angesichts der geschilderten Konstellation politisch »nicht drin«.

Ich darf an dieser Stelle an die bereits erörterte Problematik von Rechtsgutachten erinnern. Wie der oft bestehende Spielraum genützt wird, hängt von der Persönlichkeit und der subjektiven Überzeugung des Gutachters ab. Fachleute wie Broda und Rosenzweig hatten das natürlich erkannt. Und so ergaben sich gewisse Konflikte. Ein solcher bestand etwa bei der Vorbereitung der Stellungnahme zum Entwurf eines Universitätsorganisationsgesetzes, das die »Gruppenuniversität« etablieren sollte. Es ging nicht so sehr um den Gedanken als solchen, sondern um seine Reichweite, vor allem bei Habilitationen und Berufungen in das Amt eines Professors. Loebenstein und ich selbst sahen einen institutionellen Zusammenhang zwischen der Hochschulautonomie und dem Grundrecht auf Freiheit der Wissenschaft und ihrer Lehre, und wir wollten dies in der Stellungnahme zum Entwurf ausdrücken. Der Bundeskanzler genehmigte die Abgabe dieser Stellungnahme nicht und war sichtlich verärgert. Die Sache beschäftigte dann später den Verfassungsgerichtshof, der das Gesetz »gehalten« hat. Diese Entscheidung führte zum Rücktritt von Walter Antoniolli drei Monate vor Ende seiner Amtsperiode. Das war aber nicht der einzige Konfliktsfall.

Mit Jahresbeginn 1973 war die Stelle eines Mitgliedes des Verfassungsgerichtshofes zu besetzen. Die Mitglieder des Verfassungsgerichtshofes werden durchwegs vom Bundespräsidenten ernannt. Das Recht zur Erstattung von Vorschlägen an den Bundespräsidenten ist geteilt zwischen der Bundesregierung einerseits und dem Nationalrat und dem Bundesrat andererseits. Nach der damals geltenden Verfassungsrechtslage hatten der Nationalrat und der Bundesrat Dreiervorschläge an den Bundespräsidenten zu erstatten. So auch in dem erwähnten Fall. An erster Stelle war Generalanwalt Dr. Lotheissen vorgeschlagen, an zweiter Stelle der Hofrat des Obersten Gerichtshofes Dr. Piska. Der Vorschlag war kontroversiell, die ÖVP hatte einen anders lautenden Vorschlag erstattet, mit Michael Graff an der ersten Stelle. Der damalige Bundespräsident Jonas hatte das Ernennungsdekret von Lotheissen bereits unterschrieben, als dieser sich überraschend weigerte, die Ernennung zu akzeptieren. Lotheissen war Erster Generalanwalt der Generalprokuratur beim Obersten Gerichtshof und wäre gern Generalprokurator geworden. Dieser ist aber rechtlich gesehen Verwaltungsbeamter und muss als solcher, wenn er zum Mitglied des Verfassungsgerichtshofes ernannt wird, außer Dienst gestellt werden. Es war Lotheissen klar geworden, dass er nun nicht mehr Generalprokurator werden konnte, weil er dann sofort hätte außer Dienst gestellt werden müssen – aus Sicht der Regierung ein Schildbürgerstreich.

Nun ergab sich die Rechtsfrage, ob der Bundespräsident ohne weiteres den Zweitgereihten ernennen durfte oder ob mit der Unterschrift des Bundespräsidenten der Vorschlag konsumiert war.

Loebenstein sprach sich in einem Gutachten für die zweite Variante aus. Man kann das auch anders sehen, weil ja der Ernennungsakt ohne Zustellung unwirksam ist. Aber Loebenstein sah es eben so und machte sich damit nicht beliebt. Seine persönliche Autorität hatte ihre einstige Durchschlagskraft bereits eingebüßt.

Mit dem Ausscheiden von Edwin Loebenstein stellte sich nun die Frage nach dessen Nachfolge. Kirschner und Draxler waren in den Verwaltungsgerichtshof gegangen, also kamen – abgesehen von einer Besetzung von außen – nur Pahr und ich in Betracht. Man löste das Problem zuerst dadurch, dass man es nicht löste, nämlich in Form der Etablierung einer kollegialen Führung durch Pahr und mich. Das konnte aber natürlich nur ein Provisorium sein, auf irgendeine Weise musste der »Gordische Knoten« durchschlagen werden.

Pahr und ich waren langjährige Freunde, aber Konkurrenz ist Konkurrenz. Er ist – wie schon bemerkt – zwei Jahre älter als ich und war ein Jahr in der Dienstzeit vor mir. Das allein schuf einen Vorsprung. Dazu kommt noch, dass er ein hervorragender dynamischer Organisator ist und sehr zum Unterschied von mir Ordnung halten kann. Schließlich hatte er gute Beziehungen zu Karl Lausecker und – über die Österreichische Juristenkommission – auch zu Christian Broda und Wilhelm Rosenzweig entwickelt.

Alles in allem keine günstige Ausgangslage. Für mich sprach eigentlich nur, dass ich mich 1971–1972 für Österreichisches Verfassungsrecht und Verfassungspolitik an der Universität Wien habilitiert hatte und der Schwerpunkt meiner Tätigkeit im Verfassungsdienst im innerstaatlichen Bereich lag. Das war aber nicht sehr viel. Zu allem Überfluss betrieb ich auch keinerlei »Networking«. Seit 1956 war ich Mitglied des ÖAAB und damit der ÖVP. Aber das wusste im Bundeskanzleramt niemand; der Übertritt vom Niederösterreichischen Landesdienst ins Bundeskanzleramt hatte offenbar zur Desinformation geführt. Allerdings hätte mir die ÖVP-Mitgliedschaft auch kaum geholfen.

Ich hatte im Laufe der Zeit eine Anzahl kleinerer wissenschaftlicher Arbeiten verfasst. Von zentraler Bedeutung war es, dass der Springer Verlag mir Ende der sechziger Jahre die Neubearbeitung des in 5. Auflage von Hans Spanner besorgten Handbuches des Österreichischen Verfassungsrechts meines Vaters übertrug. Ich gab mir viel Mühe damit und versuchte, dem Werk ein neues »Gesicht« zu geben. Das ist auch gelungen. Jedenfalls war diese Arbeit der Grund dafür, dass Walter Antoniolli mich zur Habilitation einlud. Die Sache entwickelte sich allerdings nicht so einfach, weil eine solche Bearbeitung eben keine eigenständige wissenschaftliche Leistung ist. Gemeinsam mit den kleineren Arbeiten entstand dann doch eine tragfähige Basis. Und 1974 wurde ich von der Universität Graz primo et unico loco für ein Ordinariat für öffentliches Recht vorgeschlagen, von der Universität Salzburg an zweiter Stelle für ein solches. Ich entschloss mich, der Berufung nach Graz zu folgen, und wurde mit Wirkung vom 1. Oktober 1974 zum Professor ernannt. Vom Bundeskanzleramt erhielt ich einen Konsulentenvertrag. Damit war das leidige Führungsprovisorium im Verfassungsdienst erledigt; Willibald Pahr wurde zum Sektionschef ernannt.

4 *Universität Graz*

Der »Papierform« nach war alles bestens. Ich war der Universität Graz zu größtem Dank verpflichtet. Und trotzdem war ich nicht glücklich. Mir war der Verfassungsdienst so unendlich wichtig geworden, gerade mit der dazugehörenden Betriebsamkeit. Der Aufgabenbereich des Verfassungsdienstes brachte es mit sich, dass die dort Tätigen sehr stark vom politischen Geschehen und von Terminen abhängig waren und rasch reagieren mussten. Zwischen dem Bundeskanzleramt und der Universität Graz lagen Welten; in Graz ging es wesentlich gemütlicher zu, und es gab keinen Zeitdruck. Angesichts der schon ziemlich großen Zahl von habilitierten Persönlichkeiten waren meine Chancen, so wie mein Vater als Professor nach Wien zurückzukehren, denkbar schlecht. Aber die Tätigkeit als hauptberuflicher Professor war überhaupt nicht das, was mir vorschwebte. Ich wollte Leiter des Verfassungsdienstes sein, und dies schien unmöglich geworden. Der eingeschlagene Weg war somit der einzig realistische. Dass die Dinge sich später ganz anders entwickeln würden, war beim besten Willen nicht vorauszusehen. So trat ich also meinen Dienst in Graz mit einer deutlichen Ambivalenz an. Einerseits war es, objektiv gesehen, ein Erfolg (noch dazu beruhend auf der Nominierung »primo et unico loco«), andererseits sah ich mich doch auf einem Abstellgleis.

Es gab damals noch drei weitere Ordinarien für öffentliches Recht: Richard Novak, Ferdinand O. Kopp und Karl Korinek. Nach meinem Eindruck hätten diese drei durchaus genügt. Ich hatte nur wenige Hörer und noch weniger Prüfungskandidaten. Von meinem Vorgänger Gustav E. Kafka hatte ich zwei Assistenten übernommen, Wolfgang Mantl und Christian Brünner, die sich beide schon im Habilitationsstadium befanden, sich also nicht für Hilfeleistungen anboten und durchaus ihre eigenen Wege gingen. Beide wurden bald selbst Professoren von hohem Rang.

Der Altmeister des österreichischen Zivilrechts, der eine ganze Schule begründet hat, Walter Wilburg, war noch an der Fakultät tätig und die Bescheidenheit in Person. Näheren Kontakt hatte ich mit Helmut Schnizer (Kirchenrecht), Konrad Ginther (Völkerrecht) und Hans Georg Ruppe (Finanzrecht).

Jedenfalls bot die Tätigkeit an der Universität Gelegenheit, Distanz jenseits der verfassungsdienstlichen Hektik zu gewinnen. Mit dem Konsulentenvertrag hatte ich doch einen Fuß in der Tür des Bundeskanzleramtes, wenngleich ich nicht wirklich Welterschütterndes beitragen konnte. In Graz bot sich mir Gelegenheit zum Studium eines ganz neuartigen Biotops. Irgendwie war es auch eine Rückkehr in die frühe Kindheit, hatte ich doch (abgesehen von den ersten drei Wochen) die ersten zwei Lebensjahre in Graz verbracht (in der Halbärthgasse, vis à vis der Universität). Graz hat den Ruf, eine Pensionistenstadt zu sein. Das stimmt längst nicht mehr; angesichts der (heute vier) Universitäten ist es eine Stadt der jungen Leute mit spezifischen Subkulturen, die vom ausgeprägt Nationalen bis zum massiv Linken reichen. Gegenüber Wien gibt es ein deutliches Ressentiment, das vielfältige Wurzeln hat. Zu oft hat man es erlebt, dass Graz als »Sprungbrett« nach Wien betrachtet wurde, in wissenschaftlicher und kultureller Hinsicht. Graz ist – mit Recht – sehr stolz auf seine eigenständigen kulturellen Leistungen. Und auf die bemerkenswerte Altstadt. Weniger angenehm ist das Klima: im Winter feuchtkalt und im Sommer feuchtheiß. Und dann war Graz die »Stadt der Volkserhebung«. Es war eines der Zentren des illegalen Nationalsozialismus. 1945 war der Personalstand der Universität Graz wegen derartigen Belastungen so zusammengeschrumpft, dass die britische Besatzungsmacht erwog, sie überhaupt zu schließen. Es war das Verdienst des bereits erwähnten Walter Wilburg, dass dies verhindert werden konnte.

Ich kam an die Universität in einer Zeit des Umbruchs,

der Umgestaltung zur Gruppenuniversität und der Trennung von rechtswissenschaftlicher und sozial- sowie wirtschaftswissenschaftlicher Fakultät. Beides brachte Probleme mit sich. Die Trennung war sehr bedauerlich, denn in den Sitzungen des Fakultätskollegiums hatten die Wirtschaftswissenschaftler sehr wertvolle Beiträge geleistet, war doch vor allem die Betriebswirtschaftslehre in Graz hervorragend vertreten. Bei der Wandlung zur Gruppenuniversität machte sich der lokale steirische Faktor stark bemerkbar, vor allem im so genannten »Mittelbau«. Insgesamt hatten die Reformen zur Folge, dass Sitzungen der diversen Kollegialorgane sich stark in die Länge zogen. Ich war immer fasziniert davon, mit welchem Eifer da über Nebensächlichkeiten diskutiert wurde. Dies löste doch ziemliche Frustrationen aus. Der Kontakt mit den Kollegen war gut, zum Teil wirklich freundschaftlich. Mir war auf Basis meiner administrativen Erfahrungen bald ziemlich klar, wer welche Fäden zog. Was mir abging, war eine echte Teamarbeit. Jeder arbeitete in seiner Weise drauflos, wissenschaftliche Evidenzen wurden nebeneinander geführt. Man konnte zwar recht gut diskutieren, aber die Zusammenarbeit gestaltete sich eher schwierig.

Ich hatte einen Wohnsitz in Graz, den in Wien behielt ich bei. Das förderte nicht die Geselligkeit. Insgesamt fühlte ich mich unterbeschäftigt und konnte auch meine bescheidenen persönlichen Talente nicht so einsetzen, wie ich mir das gewünscht hätte. Die weitgehende Freiheit, die man als Professor genoss, erschien mir damals nicht wertvoll genug. Die Freude an der juristischen Tätigkeit war mir erst gekommen, als ich selbst Erledigungen verfassen konnte. Erst waren es Bescheide (inklusive Strafverfügungen), dann Gutachten und Stellungnahmen im Verfassungsdienst. An der Universität war das ganz anders, da gab es Lehrveranstaltungen, Prüfungen und vor allem endlose Fakultätssitzungen.

Dabei hatte man in Graz als Universitätslehrer ein höheres Prestige als in Wien. Stadt und Land sind stolz auf ihre

Universitäten, aber Einfluss auf die Willensbildung in den Gebietskörperschaften blieb den meisten verwehrt. Außerdem fehlte das weite Gebiet der Auslandsbeziehungen, die im Verfassungsdienst doch eine wesentliche Rolle spielten, und ich kam mir vor wie auf einer Insel. Am Montag ging ich allerdings meiner Konsulententätigkeit in Wien nach, wobei ich eigentlich nicht mit wirklich wichtigen Fragen betraut wurde. Immerhin gab ich so manche Stellungnahme ab.

Mit der Vorbereitung des so genannten Volksgruppengesetzes von 1976 war ich überhaupt nicht befasst, obwohl ich 1972 bis 1974 intensiv mit den aktuellen Minderheitenfragen zu tun hatte. Insbesondere führte ich die Geschäfte der beiden damals von Bruno Kreisky für diese Probleme eingesetzten Kommissionen. Ich lege Wert auf die Feststellung, dass ich mit dem Volksgruppengesetz nichts zu tun hatte, weil später in der Auseinandersetzung mit dem Landeshauptmann von Kärnten zu Unrecht das Gegenteil behauptet wurde. Auf das Thema »Minderheiten« will ich im 6. Kapitel noch ausführlich und zusammenhängend zurückkommen.

Stellungnahmen und Gutachten des Verfassungsdienstes hatten und haben Gewicht; es ist also (wenn auch nicht willkürliche) Machtausübung damit verbunden. An der Universität gab es jedenfalls für mich keine Macht auszuüben; die Prüfungstätigkeit betrachtete ich nicht als Machtausübung, die Lehrtätigkeit schon gar nicht.

Im Januar 1975 hielt ich eine Antrittsvorlesung über das Thema »Zur Lage des Österreichischen Bundesverfassungsrechts«, die dann in den Juristischen Blättern publiziert wurde. Was ich damals gesagt habe, ist zum größten Teil noch heute aktuell, vor allem was die Zersplitterung des Textes, insbesondere im Bereich der Grundrechte, anlangt. Auch sonst arbeitete ich publizistisch.

Ich habe schon darüber berichtet, dass ich 1971 die 6. Auflage des Handbuchs des österreichischen Verfassungsrechts auf Basis der Arbeiten meines Vaters und Hans Spanners besorgt habe. Während meiner Grazer Tätigkeit schloss ich mit dem Verlag einen Vertrag über die Herausgabe eines »Allgemeinen Verwaltungsrechts« als Kurzlehrbuch ab. Nachdem ich – siehe unten – dann überraschend zur Sektionsleitung ins Bundeskanzleramt berufen worden war, schien es äußerst schwierig, allein mit dieser Sache fertigzuwerden. Es gelang mir, meinen Freund Bernd-Christian Funk als Mitautor zu gewinnen, der eine wahre Meisterleistung erbracht hat. Das Buch erschien 1980 und erlebte drei Auflagen. Daneben trat in drei Auflagen das Kurzlehrbuch »Österreichisches Verfassungsrecht«. Wir beschlossen dann, beide Bücher in einem »Österreichischen Staatsrecht« in vier Bänden zusammenzufassen; als dritter Koautor kam Gerhart Holzinger dazu, für den vierten Band als weiterer Koautor Stefan Frank. Die Neuauflage des ersten Bandes kam – gestaltet von allen vier Autoren – 2010 heraus. Aber Bücher dieser Art sind eben Lehrbücher, und damit unweigerlich in das Korsett eines Systems gezwungen.

Ich sah in der Tätigkeit des Universitätslehrers nicht meine eigentliche Berufung. Diese erblickte ich in dem »verlorengegangenen« Verfassungsdienst. Meine emotionale Bindung an den Verfassungsdienst war eine andere als die an die Universität, obwohl mir natürlich durch Beobachtung klar geworden war, dass man den Verfassungsdienst nicht mehr im Stil von Loebenstein führen konnte. Überhaupt nicht vorauszusehen war, dass diese Konstellation sich buchstäblich über Nacht entscheidend verändern sollte. Willibald Pahr wurde nämlich im Sommer 1976 vom Bundeskanzler als Außenminister designiert. Bis zur förmlichen Ernennung dauerte es noch etliche Wochen, und ein sich anbietender Nachfolger im Verfassungsdienst war nicht in Sicht.

Für den Herbst 1976 war eine juristische Veranstaltung des Europarates in der Aula der Universität Graz vorgesehen.

In diesem Zusammenhang kam Willibald Pahr nach Graz, und wir sprachen über die bevorstehende Vakanz im Verfassungsdienst. Ich weiß heute nicht mehr, wer von uns beiden der Urheber der Idee war: Jedenfalls ging es darum, dass ich interimistisch die Leitung des Verfassungsdienstes übernehmen könnte. Willibald Pahr informierte den Bundeskanzler von der Idee, und dieser empfing mich im September; nach einem kurzen Gespräch war die Sache perfekt; ich wurde unter Entbindung von meiner Lehrverpflichtung dem Bundeskanzleramt zur Dienstleistung zugeteilt und mit der Leitung des Verfassungsdienstes betraut.

Das war natürlich nur eine vorläufige Maßnahme, denn das Bundesministeriengesetz sicherte – außer im Fall des Verzichts – Willibald Pahr die Funktion als Sektionsleiter während der Dauer der Ministerschaft; den dienstrechtlichen Rang des Sektionschefs konnte ihm ohnehin niemand nehmen. Ich behielt vorläufig die Planstelle des ordentlichen Universitätsprofessors.

In Graz nahm man mir diese Entwicklung ziemlich übel, hatte man doch nur zu oft erlebt, dass Wissenschaftler die Universität Graz als Sprungbrett nach Wien betrachteten. Aber hier ging es ja nicht um eine wissenschaftliche Laufbahn; ich konnte zum damaligen Zeitpunkt meine weitere Karriere nicht vorhersehen. Obwohl mir im »Hinterkopf« doch die Möglichkeit einer Berufung in den Verfassungsgerichtshof vorschwebte, was von der Universität Graz aus sicher nicht gelungen wäre. Wie immer, ich wollte mich jedenfalls nun mit allen Kräften der Funktion des Leiters des Verfassungsdienstes widmen.

5 *Nochmals Verfassungsdienst*

Ich war in den letzten zwei Jahren schon um Einiges klüger geworden und hatte erkannt, dass vor allem die politische Landschaft in Betracht zu ziehen war. Ich musste damit rechnen, sehr kritisch beobachtet zu werden. Verfassungspolitik nach eigenem Gutdünken konnte der Leiter des Verfassungsdienstes mit Sicherheit nicht betreiben. Bei der Erstattung von Gutachten musste man das Kunststück schaffen, einerseits nicht der eigenen Überzeugung zuwiderzuhandeln, andererseits die Interessen des Ressorts und der Regierung gegenüber der Opposition zu wahren. Christian Broda beherrschte nicht nur die Justizpolitik; er hatte auch in Verfassungsfragen ein gewichtiges Wort mitzureden. Es war bekannt, dass er und der Bundeskanzler einander persönlich nicht besonders gut verstanden. Broda war ja in der Zwischenkriegszeit und auch 1945 Kommunist gewesen, sein Bruder Engelbert ist es geblieben. Aber wo es um sozialdemokratische Rechtspolitik ging, war Broda die maßgebende Persönlichkeit. Er war ein Mann von höchstem intellektuellem Niveau und größter Arbeitskraft, der sowohl liebenswürdig als auch schroff sein konnte. Zweifellos gab es enge Kontakte zwischen ihm und Karl Lausecker. Broda, Benya, Firnberg und Androsch bildeten ein Team, wie allgemein bekannt ist.

Bruno Kreisky hatte, wie seine Personalpolitik im Außenministerium deutlich zeigte, ein Faible für Leute meiner Herkunft und war mir sehr wohlgesinnt. Aber ich hatte viel weniger mit ihm als mit Karl Lausecker zu tun, einem äußerst intelligenten und bemühten Mann, der allerdings nicht ganz frei von Misstrauen war. Einmal überbrachte er mir einen von Broda inspirierten Auftrag und fügte knapp hinzu, damit habe er seine Schuldigkeit getan. Der Auftrag war aus Gründen, an die ich mich nicht erinnere, nicht nach meinem Geschmack, und ich fühlte mich an Schillers Don

Carlos erinnert: »Ich habe meine Schuldigkeit getan, Kardinal, tun Sie die Ihre.« Doch wusste auch Lausecker ordentliche Arbeit zu schätzen, und so kam ich letzten Endes gut mit ihm aus. Später ergab sich eine regelrechte Freundschaft, die immer noch andauert. Lausecker pflegte in unregelmäßigen Abständen einen Kreis von aus seiner Sicht vertrauenswürdigen Beamten aus verschiedenen Ressorts um sich zu versammeln und aktuelle Fragen zu besprechen. Man blieb dann immer bis spätabends zusammen. Karl Lausecker war kollegiale Beratung sehr wichtig. Freilich hatte er zu Willibald Pahr eine viel engere Beziehung als zu mir.

Im Herbst 1977 wurde Lausecker zum Verkehrsminister ernannt, und sein Nachfolger wurde Franz Löschnak. Auch dieser kam von der Gemeinde Wien, aber anders als Lausecker ist Löschnak Jurist. Mit ihm verstand ich mich bestens und fühle mich ihm bis heute in echter Freundschaft verbunden. Er war ein blendender Organisator, ein Mann von unglaublichem politischem Instinkt, und spielte eine wesentliche Rolle in meiner weiteren Karriere.

Ein wichtiges Kapital für mich war mein in der Juristenwelt, aber auch sonst in der Öffentlichkeit geläufiger Name, wobei sich die Frage stellte, inwieweit man da von Eigenkapital sprechen konnte. Immerhin hatte die Grazer Professur mein persönliches Prestige verbessert. Mein Name war geeignet, die Legitimität der Aktionen des Verfassungsdienstes zu erhöhen, und das war wohl auch beabsichtigt. Aber man durfte diesen Faktor gewiss nicht überschätzen.

Die Tatsache der SPÖ-Alleinregierung machte eine Koordination mit dem Klub der Regierungspartei notwendig. Sowohl mit Klubobmann Dr. Fischer als auch mit Klubsekretär Dr. Kostelka gab es immer wieder Kontakte, die in sehr sachlicher Atmosphäre stattfanden, so wie sich überhaupt eine alte Erfahrung bestätigte: Wenn der leitende Beamte mit der Ressortleitung und ihrem politischen Hintergrund gut kooperiert, wird er unweigerlich mit vertraulichen Angelegenheiten befasst und damit zur Zielscheibe der Opposition. Hält er sich dagegen aus solchen Dingen heraus, läuft er wiederum Gefahr, »weg vom Fenster« zu sein.

Vorläufig war ich aber noch ein dienstzugeteilter Universitätsprofessor. Allmählich wurde daran gedacht, mich definitiv mit der Leitung des Verfassungsdienstes zu betrauen. Das setzte die Aufgabe der Planstelle des Ordinarius und die Übernahme in den Personalstand des Bundeskanzleramtes voraus. Das wieder bedingte – wie bereits erwähnt –, dass Willibald Pahr auf die Funktion des Sektionsleiters verzichtete, auf die Funktion, nicht jedoch auf den Rang des Sektionschefs. Sehr leicht fiel ihm dies nicht, und ich musste mir dabei einige harsche Worte von Karl Lausecker sagen lassen, der meinte, ich hätte meine Interessen wenig freundschaftlich verfolgt. Aber der Bundeskanzler wollte offenbar diese Lösung, und so wurde ich im September 1977 zum Sektionschef im Bundeskanzleramt ernannt. Die Lehrbefugnis als Dozent blieb mir natürlich erhalten; außerdem ernannte mich die Universität Graz zum Honorarprofessor, und ich hielt dann durch 25 Jahre Lehrveranstaltungen in Graz ab. Zu meiner großen Freude verlieh mir die Universität Graz schließlich im Jahr 1997 das Ehrendoktorat.

Mit der Bestellung von Franz Löschnak zum Staatssekretär hat sich meine Position noch verbessert, und die Kooperation war ausgezeichnet.

Im Verfassungsdienst bestand ein ausgesprochener Korpsgeist. Sehr ausgeprägte Persönlichkeiten waren zur Zeit meiner Leitungsfunktion dort tätig: Klaus Berchtold, Eleonore Berchtold-Ostermann, Clemens Jabloner, Claudia Kahr, Waltraud Kotschy, Manfred Matzka, Wolf Okresek, Georg Springer, Gerhard Stadler, Karl Weiss und – nicht zuletzt – Gerhart Holzinger. Dieser sollte später mein Nachfolger als Leiter des Verfassungsdienstes und 2008 mein (nicht unmittelbarer) Nachfolger als Präsident des Verfassungsgerichtshofes werden. Aber auch die anderen haben in ihrer Weise beachtliche Karriere gemacht.

Bruno Kreisky wäre im Erscheinungsjahr dieses Buches 100 Jahre alt geworden; an Feierlichkeiten, Würdigungen und einschlägigen Büchern hat es nicht gefehlt. Ich habe ihn während meiner Tätigkeit als Sektionsleiter nicht sehr oft gesehen, was sich daraus erklärt, dass die meisten Angelegenheiten durch den jeweiligen Staatssekretär (erst Lausecker, dann Löschnak) mediatisiert waren. Aber gelegentlich hatte ich doch Kreisky persönlich zu berichten. Über seine Persönlichkeit kann ich nicht mehr aussagen als das, was zahllose Zeitzeugen schon gesagt haben. Ein einziges Mal, Ende des Jahres 1980, gab es ein persönliches Gespräch. Dies geschah unmittelbar vor dem Rücktritt von Hannes Androsch als Vizekanzler und Finanzminister. Kreisky brachte mir seine Wertschätzung und auch seine persönliche Sympathie zum Ausdruck. Ich sagte ihm bei dieser Gelegenheit, dass ich ÖVP-Mitglied sei und nicht die Absicht hätte, dort auszutreten. Kreisky war weit davon entfernt, mir solches nahezulegen.

Die Politik der sozialdemokratischen Alleinregierung von 1970 bis 1983 war auf kulturelle Liberalität, Demokratisierung aller Lebensbereiche, Strafrechtsreform, Familienrechtsreform, Hochschulreform sowie auf Gleichstellung von Frauen und Männern gerichtet. Im Bereich des Strafrechts und des Familienrechts waren Reformen dringend notwendig, über manches andere, so auch über die Budgetpolitik, konnte man durchaus streiten. Aber es war ja nicht Sache des Verfassungsdienstes, Politik zu betreiben, sondern auf verfassungsrechtliche Gegebenheiten hinzuweisen.

Ich verdanke Bruno Kreisky die Höhepunkte meiner Karriere; er war für mich eine Vaterfigur, zumal er mir auch persönlich sehr aufgeschlossen gegenüberstand. Er war ein echter »Linker«, für den aber die österreichische Geschichte nicht erst 1918 begonnen hatte, und der bei aller republikanischen Grundhaltung per Handschlag den Konflikt mit Otto von Habsburg beendet hat. In seiner Persönlichkeit und in seiner Politik gab es deutliche Widersprüche, aber er war kein Kleingeist, was sich auch in seiner großzügigen Haltung zur Familie Habsburg zeigte. Mir selbst hat er 1980 unter Hinweis auf eine Intervention des spanischen Königs den Auftrag erteilt, einen Weg zur Rückkehr der Kaiserinwitwe Zita zu suchen. Der Weg fand sich auf Basis der Auslegung, die der Verwaltungsgerichtshof kurz vorher dem Begriff »Haus Habsburg-Lothringen« im Habsburgergesetz gegeben hatte. Demnach war die Kaiserin nicht Mitglied des Hauses gewesen. Einerlei, ob diese Rechtsauffassung nun zutreffend ist oder nicht, für den Wunsch Bruno Kreiskys bot sich eine Grundlage. Den Hinweis auf das Erkenntnis des Verwaltungsgerichtshofes verdanke ich übrigens Klaus Berchtold.

Wie schon erwähnt, war ich während meines Dienstes in der Bezirkshauptmannschaft Wien-Umgebung für den ÖAAB »geworben« worden. Nicht aus Opportunismus, sondern aus Überzeugung trat ich bei, wobei für mich wesentlich war, dass die ÖVP am ehesten eine christliche und katholische Linie verfolgte. Daneben gab es dort freilich immer auch eine liberale Strömung. Es ist aber bis zur Jahrtausendwende gelungen, hier eine gewisse Balance zu halten. Heute ist die weltanschauliche Basis weitgehend in den Hintergrund getreten. Es ist ein schwacher Trost, dass die Entideologisierung auch bei der SPÖ eine Rolle spielt. Jede politische Partei hat ihre Geschichte und Tradition, auf eine Weiterentwicklung kann keine verzichten.

Zur gleichen Zeit schloss ich mich auch dem Österreichischen Akademikerbund an, der die liberale Ausformung der ÖVP darstellte. Erster Obmann war Reinhard Kamitz. Leider verlor der Akademikerbund immer mehr an Bedeutung, weil er keine zugkräftige Galionsfigur mehr hatte, und in den letzten Jahre driftete er zusehends ins sehr rechte Eck.

Erst 2009 bin ich dort ausgetreten. Der Wiener Akademikerbund hat sich schließlich vom Akademikerbund abgespalten.

Im CV hingegen war ich nie »aktiv«, nahm allerdings vor kurzem gerne die mir angetragene Ehrenmitgliedschaft der Verbindung Austria Innsbruck an. Der CV war – und ist heute wieder – ein wesentlicher Machtfaktor in Politik und Verwaltung. Sowohl im niederösterreichischen Landesdienst als auch im Bundeskanzleramt hatte der CV eine äußerst starke Position. Er bildete immer schon eine tragende Säule des politischen Katholizismus, hier seien nur die etwas kompromittierenden Namen Dollfuss und Schuschnigg erwähnt, dann aber auch Figl und Raab. Zu den vielen in der Politik tätigen Mitgliedern des CV zählen Alois Mock, Heinrich Neisser, Herbert Schambeck und Andreas Khol. Der CV hatte zur Zeit seiner Gründung in der zweiten Hälfte des 19. Jahrhunderts in doppelter Hinsicht eine bedeutsame und positive Funktion: Er kümmerte sich um die »vom Land« stammenden Studierenden, und er bildete ein Gegengewicht zu den – zum Teil sehr rabiaten – deutschnationalen Studentenverbindungen.

Für meine Weltanschauung war das Vorbild meines Vaters entscheidend. Ich war nie so konservativ wie er, aber immer noch hinreichend konservativ. Zur SPÖ befand ich mich in deutlicher Distanz. Man weiß, dass es in der Zwischenkriegszeit tiefe Gräben zwischen den Christlichsozialen und den Sozialdemokraten gegeben hat. Es folgte die Etablierung eines verfassungswidrigen, autoritären Regimes nach dem Rücktritt der drei Nationalratspräsidenten im März 1933 und schließlich die betrübliche bürgerkriegsähnliche Situation im Februar 1934. Unmittelbar vor Machtergreifung der Nationalsozialisten im März 1938 gab es zwar Versuche, die Gräben zu überbrücken, aber da war es schon zu spät. Viele Christlichsoziale und Sozialdemokraten trafen einander dann in den KZ wieder. Das war eine wesentliche Grundlage der Zusammenarbeit nach Ende des Zweiten Weltkrieges.

Freilich darf man nicht glauben, dass damit alle Wunden geheilt waren. Viele Sozialdemokraten hatten sich mit Nationalsozialisten in den Anhaltelagern des autoritären Regimes wiedergefunden. Bruno Kreisky war zur Zeit des »Ständestaates« zeitweise inhaftiert und hegte auch noch später ein tiefes Ressentiment gegen das damalige »klerikofaschistische« Regime. Selbstverständlich war er ein Gegner des Nationalsozialismus, von dem er auch verfolgt worden war, aber er war in dieser Richtung versöhnungsbereit. Dies zeigte sich nicht zuletzt in der ziemlich großen Zahl ehemaliger Nationalsozialisten, die Kreiskys Kabinetten angehörten; dabei spielten auch wahltaktische Überlegungen eine Rolle. Es gab in der SPÖ führende Persönlichkeiten mit sehr deutlich antiklerikaler und sogar antireligiöser Haltung; eine davon war der spätere Bundespräsident Adolf Schärf. Für viele Parteimitglieder war die Partei eine Art Ersatzkirche, und die Prinzipien der Partei dienten als eine Art Ersatzreligion. Dies äußerte sich in ritualisierten, pseudoreligiösen Bräuchen wie etwa der »Jugendweihe«. Man arbeitete für den »Fortschritt« und musste zwangsläufig manche kirchliche Positionen als »reaktionär« betrachten. Lange hielt der Streit über die Gültigkeit des von der autoritären Regierung 1934 abgeschlossenen Konkordats mit dem Heiligen Stuhl an. Insbesondere Adolf Schärf war vehement dagegen. Bruno Kreisky gelang es 1960, die Angelegenheit diplomatisch zu lösen. Durch den Abschluss von Zusatzabkommen wurde das Konkordat mittelbar anerkannt; der damalige Außenminister Bruno Kreisky erhielt einen päpstlichen Orden. Wesentlich war der »Friedensschluss« zwischen der Kirche und der Arbeiterbewegung, zu dem Kardinal König entscheidend beigetragen hat. Der politische Katholizismus der Zwischenkriegszeit verfügte über Geistliche, insbesondere Ignaz Seipel und Theodor Innitzer, in leitenden Funktionen. Andererseits vertrat die SPÖ damals den so genannten Austromarxismus, eine in internationaler Sicht recht radikale Spielart des Sozialismus.

Die Ereignisse rund um den Justizpalastbrand 1927 hatten eine massive Kirchenaustrittswelle zur Folge. Die Gegensätze zwischen Arbeiterschaft und Kirche schienen unüberbrückbar. Und nun bemühte sich Kardinal König um Befriedung; er verkündete die »Äquidistanz« der katholischen Kirche gegenüber den politischen Parteien. Maßgebende Kreise in der ÖVP haben ihm dies sehr übel genommen; wenn es darauf ankomme, werde die ÖVP von der Kirche sehr wohl an ihre Verpflichtungen als deklariert christliche Partei erinnert.

Eine Verhärtung der Fronten trat ein im Zusammenhang mit der Strafrechtsreform und der darin vorgesehenen »Fristenregelung«. Bruno Kreisky war diese Auseinandersetzung gar nicht recht; er fürchtete das Aufbrechen gerade erst bereinigter Konflikte. Zeitgleich mit den geschilderten Entwicklungen war in der Katholischen Kirche einiges in Bewegung geraten. Da gab es das II. Vatikanische Konzil und eine kritische Reaktion darauf.

Die Diskussion über die Enzyklika »Humanae Vitae« führte zu einer deutlichen Polarisierung. Die österreichischen Bischöfe versuchten, mit der so genannten »Mariatroster Erklärung« der Sache die Spitze zu nehmen, doch wurde dies in Rom und in manchen Kreisen der katholischen Kirche in Österreich sehr ungern gesehen. Dabei hat die Enzyklika nichts anderes getan, als eine schon über Jahrhunderte bestehende Lehre aufrechtzuerhalten. Verhängnisvoll ist meines Erachtens das Diktum, dass Empfängnisverhütung »in sich« schlecht sei, ohne dass die Motive und die persönliche Situation in Betracht gezogen würden, was die Kirche jedem Dieb zuerkennt.

Die Frage der Zulässigkeit einer Abtreibung betrifft zwar dieselbe Sphäre wie die Frage der Empfängnisverhütung, das Gewicht ist aber überhaupt nicht vergleichbar. Es handelt sich um eine sehr komplexe Problematik. Die Art und Weise, wie vor Einführung der Fristenlösung mit der »medizinischen Indikation« umgegangen worden war, signalisierte sicher Reformbedarf. Das Finden einer medizinischen Indikation war lange Zeit eine Frage der Brieftasche; außerdem betraf die Strafdrohung im Effekt nur Frauen und nicht anstiftende Männer. Im Hintergrund spielt da natürlich die zutiefst religiöse Frage nach dem Ursprung des menschlichen Lebens eine Rolle. Selbst wenn man diese Frage nur unter dem Gesichtspunkt der Evolution betrachtet, folgt daraus nicht die feministische Parole »Mein Bauch gehört mir«.

Die Fristenlösung kam zustande mit der Konsequenz, dass das gesamte Strafgesetzbuch nur gegen die Stimmen der ÖVP beschlossen werden konnte. Die einschlägige Bestimmung (§ 97) des Strafgesetzbuches wurde alsbald beim Verfassungsgerichtshof angefochten, der in einer umstrittenen Entscheidung der Anfechtung keine Folge gab. Die Vertretung der Bundesregierung in solchen Verfahren ist Sache des Verfassungsdienstes, aber zu jener Zeit war ich noch nicht von Graz zurückgekommen.

Weltanschaulichen Konflikten war also im Verfassungsdienst nicht immer auszuweichen. Und in einer politisch brisanten Sache habe ich aus mehrfachen Gründen keine gute Figur gemacht: Es ging um die Bestellung eines Mitgliedes des Bundesrates aus der Steiermark. Die Mitglieder des Bundesrates werden nach der Verfassung nicht direkt gewählt, sondern von den neun Landtagen durch Wahl »entsendet«; für jedes Mitglied wird in gleicher Weise ein Ersatzmitglied bestellt. Nach der Verfassung hat dieses im Fall des Ausscheidens eines Mitgliedes einzutreten. Ein der ÖVP zuzurechnendes Mitglied war ausgeschieden, also hätte das Ersatzmitglied nachzufolgen gehabt. Dieses aber hatte sich aus verschiedenen Gründen unbeliebt gemacht. Kurz entschlossen wählte daraufhin der Steiermärkische Landtag ein neues Mitglied des Bundesrates unter Umgehung des Ersatzmitgliedes. Ein zweifellos verfassungswidriger Vorgang, der sich bald nach Wien herumgesprochen hatte. In der SPÖ war man empört und zog rechtliche Schritte in Erwägung. Ich wurde mit der Sache befasst und konnte mich an einen weit zurückliegenden Fall erinnern, in dem der Bundesrat einen Antrag auf Mandatsverlust eines seiner Mitglieder gestellt hatte, weil auf Grund der aktuellen Volkszählungsergebnisse das betreffende Bundesland um ein Mandat weniger besaß als vorher. Dieser Fall war rechtlich allerdings anders gelagert als der nun vorliegende. Letzterer wäre in Form einer Wahlanfechtung zu lösen gewesen. Nur fehlten im Verfassungsgerichtshofgesetz die erforderlichen Durchführungsbestimmungen, insbesondere über Fristen. Der Bundesrat stellte einen Antrag auf Mandatsverlust und bevollmächtigte mich mit der Vertretung vor dem Verfassungsgerichtshof.

Ich beging in dieser Angelegenheit einen doppelten Fehler. Erstens war der eingeschlagene Rechtsweg unrichtig, zweitens hätte ich die Bevollmächtigung durch den Bundesrat ablehnen sollen, weil dies nicht zu meinen Aufgaben gehörte. Man hat im Verfassungsgerichtshof Schwierigkeiten ob dieser Bevollmächtigung gemacht. Vor allem aber setzte ich mich dem Eindruck parteipolitischen Agierens aus, obwohl an der inhaltlichen Verfassungswidrigkeit (und auch moralischen Fragwürdigkeit) der Vorgangsweise des Steiermärkischen Landtages kein Zweifel bestand.

Mittlerweile hatte man dem übergangenen Ersatzmitglied eine Wahlanfechtung beim Verfassungsgerichtshof eingeredet. Damit war der richtige Weg beschritten. Entscheidend war nun mangels Ausführungsbestimmungen die Frage, ob es auch in diesem Fall eine Frist für die Anfechtung gebe; in der Verfassung steht darüber nichts. Der Verfassungsgerichtshof brachte in seiner Entscheidung das Kunststück zustande, einerseits die Verfassung puncto Anfechtungslegitimation für unmittelbar anwendbar zu erklären, andererseits das Bestehen einer Frist zu behaupten, die das anfechtende Ersatzmitglied versäumt hatte. Die Entscheidung war außerdem überflüssig scharf formuliert, jedenfalls nach meinem persönlichen Eindruck.

Natürlich hat mir diese Entscheidung in mehrfacher Hinsicht geschadet, und ich habe dazu selbst einen Beitrag geleistet, doch war sie auch charakteristisch für den neuen Stil der Judikatur, in dem man sich oft über lästige Kleinigkeiten hinwegsetzte. Zum Unterschied vom gleich zu schildernden Fall der Wiener Gemeinderatswahl konnte man mir aber sowohl einen juristischen Kunstfehler als auch Parteilichkeit vorwerfen, und dazu noch ein Übermaß an Blauäugigkeit, weil ich angesichts des inhaltlich klaren Falles die Frage des Rechtswegs zu gering geschätzt hatte. Es handelte sich hier um den klassischen Fall einer antiformalistischen Grundhaltung, die aber dem Juristen nicht gut ansteht.

1983 waren Wahlen zum Nationalrat fällig. Vorher, noch im Dezember 1982, schrieb die innenpolitisch gut informierte »Kronen Zeitung« bereits über Diskussionen in der SPÖ:

> *»Wenn Kreisky aber die Justiz aus dem politischen Tagesstreit heraushalten will, so könnte man sich den Chef des Verfassungsdienstes im Kanzleramt, Adamovich, als Broda-Nachfolger vorstellen.«*

Ähnliche Berichte gab es in den ersten Monaten des Jahres 1983. Dieter Lenhardt schrieb am 19. Januar 1983 in der »Presse«:

> *»Den Sessel Christian Brodas hält Kreisky mentalreserviert für Sektionschef Adamovich, den Leiter des Verfassungsdienstes. Adamovich ist Nichtsozialist und wäre auch als Nachfolger des jetzigen Präsidenten des Verfassungsgerichtshofes, Melichar, der nächstens das Pensionsalter erreicht, erste Wahl gewesen.«*

Bruno Kreisky selbst äußerte sich nur sehr vorsichtig und ohne Namensnennung. Laut »Kronen Zeitung« vom 20. Februar 1983 sagte er:

> *»Na ja, das wäre zu überlegen. Aber ich sag' dazu sicher nichts.«*

Parallel dazu formierte sich für mich eine zweite »Front«: Die Wiener ÖVP trat dafür ein, die Stimmabgabe bei den Wiener Gemeinderatswahlen auch in Niederösterreich zuzulassen. Ich erstattete damals ein Rechtsgutachten, wonach eine solche Regelung bundesverfassungswidrig wäre. Die Entgegennahme von Stimmzetteln in Niederösterreich sei ein Hoheitsakt, der die Grenzen der Wiener Gebietshoheit überschreite – Briefwahl gab es ja damals noch keine. Die Folge war, dass mir Erhard Busek am 28. Januar 1983 im Gemeinderat Parteilichkeit vorwarf. Wörtlich sagte er:

> *»Nun erlauben Sie mir noch eine Bemerkung zu machen, was die Auskünfte des Verfassungsdienstes selber betrifft. Ich gestehe offen, dass ich in einem Gespräch mit dem Herrn Landeshauptmann seine Meinung geteilt habe, dass es die verfassungsrechtliche Regelung nicht zulässt. Nur behaupte ich von mir nicht, ein gewiegter Verfassungsjurist zu sein, und ich bin daher fragen gegangen. Ich habe indirekt im Verfassungsdienst fragen lassen, und dort war man auf die erste Anfrage der Meinung, dass der Weg, der von uns vorgeschlagen wird, durchaus plausibel und verfassungsrechtlich vertretbar ist.*
>
> *Dann hat sich etwas in Bewegung gesetzt, was mit dem Verfassungsrecht nichts zu tun hat, sondern mit der Verfassungswirklichkeit, es erhob sich nämlich die Frage der politischen Nützlichkeit. Dem Vernehmen nach kam es dann zu einem entsprechenden Gespräch zwischen Ihrem Klubobmann Fischer und dem Klubsekretär Dr. Kostelka. Der Verfassungsdienst hat dann in seiner Interpretation die Meinung gewandelt.*
>
> *Ich will nicht unterstellen, dass das etwas mit der Frage der Weisungsgebundenheit des Verfassungsdienstes gegenüber dem Bundeskanzler zu tun hat oder mit manch anderen persönlichen oder politischen Überlegungen, die dahinter stehen. Aber in dem Sinn eine Meinung, dass sie mit physikalischer Klarheit da liege, ist es nicht, sondern es ist abhän-*

gig von dem Willen, der dahintersteht. Und Ihr Wille ist, und das bedauern wir, offensichtlich, Bürgern nicht jenen Zugang zum Wahlrecht zu geben, der in einer Demokratie der Mobilität durchaus selbstverständlich wäre.«

Es war unrichtig, dass der Verfassungsdienst seine Meinung gewandelt hätte. Zwar gab es ein Gespräch zwischen einem Klubsekretär und einem Mitarbeiter des Verfassungsdienstes, in dem aber die entscheidende Rechtsfrage, nämlich die Grenzen der Wiener Gebietshoheit, gar nicht angesprochen wurde. Als Leiter des Verfassungsdienstes wusste ich nichts von diesem Gespräch. In Briefen sowohl an Vizebürgermeister Busek als auch an Klubobmann Mock verwehrte ich mich daher gegen die Darstellung im Wiener Gemeinderat. Von beiden Persönlichkeiten erhielt ich Antwortschreiben, die aus einer Rechtsfrage eine politische Frage machen wollten. Erhard Busek schrieb wörtlich, man mute dem Verfassungsdienst eine Rolle zu, die er schon von seiner Aufgabe her nicht haben könne.

Für mich war das nicht nachvollziehbar, aber man musste schon sehr blauäugig sein, um nicht zu erkennen, dass mich die Pressemeldungen über meine mögliche Bestellung zum Justizminister der ÖVP endgültig suspekt gemacht hatten, einer ÖVP, die gar nicht realisiert hatte, dass ich Mitglied in ihren Reihen war.

Mein Rechtsgutachten zur Wiener Gemeinderatswahl war ohne Zweifel richtig, aber juristische Argumente zählten in einer solchen Situation wenig. Heute ist die Angelegenheit durch die verfassungsrechtliche Einführung der Briefwahl, die es damals eben noch nicht gegeben hat, erledigt.

Ich wollte das sein, was man mir in der Öffentlichkeit ohnehin unterstellt hatte, nämlich ein »Nullgruppler«, wie es Edwin Loebenstein immer gewesen ist, bei voller Aufrechterhaltung der katholischen Weltanschauung. Daher verließ ich den ÖAAB, blieb aber im Akademikerbund, dem damals noch ein gewisses Prestige anhaftete. Ich vollzog den Austritt unmittelbar vor den Wahlen und begab mich dadurch in ein »schiefes Licht«.

Bruno Kreisky hat die Wahlen von 1983 bekanntlich verloren, und es kam zur Bildung einer »kleinen Koalition« von SPÖ und FPÖ mit dem Justizminister Harald Ofner. Da sich mein Parteiaustritt mittlerweile herumgesprochen hatte, wurde hämisch kommentiert, ich sei wohl zu früh ausgetreten. Ich darf an dieser Stelle die »Wochenpresse« vom 3. Mai 1983 unter der Überschrift »Falsch spekuliert« zitieren:

> *»Ludwig Adamovich, Chef der Sektion V (Verfassungsdienst) im Bundeskanzleramt und Fix-Starter als Justizminister in einer SPÖ-Alleinregierung, handelte voreilig: Der angebliche ›Nullgruppler‹ legte am 23. April – zwei Tage vor der Nationalratswahl – seine Mitgliedschaft im Arbeiter- und Angestelltenbund der ÖVP zurück, dem er seit 1956 angehört hatte. Adamovich über seinen Rücktritt zur Wochenpresse: ›Ich habe meine guten Gründe gehabt.‹ Seit seine Chancen auf ein Ministeramt durch den Wahlausgang am vorletzten Sonntag rapide sanken – in einer allfälligen Koalitionsregierung würde die SPÖ ihre eigenen Spitzengenossen unterbringen müssen – versäumt der Verfassungsexperte nicht, darauf hinzuweisen, dass er ja immer noch Mitglied des ÖVP-nahen Akademikerbundes sei.*
>
> *Ex-ÖAABler Adamovich: ›Den Hinweis darauf dürfen Sie in einem Bericht für alle jene, die mir Gesinnungslosigkeit vorwerfen, auf keinen Fall unter den Tisch fallen lassen.‹«*

Der Vorwurf der »falschen Spekulation« war auf jeden Fall ungerecht, denn ein Spekulant hätte sich wohl ganz anders verhalten. Er hätte abgewartet. Was SPÖ-intern zur Frage einer Broda-Nachfolge im Fall einer neuerlichen SPÖ-Alleinregierung überlegt wurde, entzieht sich völlig meiner Kenntnis. Mit der persönlichen Sympathie Bruno Kreiskys wäre es ja nicht getan gewesen, da hätten andere Mächtige sicherlich ein entscheidendes Wort mitzureden gehabt, und ich kann mir nicht vorstellen, dass Christian Broda viel Freude mit einer solchen Personalentscheidung gehabt hätte. Aber das Ganze entwickelte sich angesichts des Wahlresultats letztlich ohnehin zum »Streit um des Kaisers Bart«.

Die Schadenfreude meiner Kritiker war indes unbegründet, denn am 1. Januar 1984 waren die Funktionen sowohl des Präsidenten des Verfassungsgerichtshofes als auch des Präsidenten des Verwaltungsgerichtshofes zu besetzen. Es entsprach – wie mir Franz Löschnak sagte – einem Vermächtnis von Bruno Kreisky, dass ich die eine oder die andere Funktion erhalten solle. Mit Kreiskys Ausscheiden aus der aktiven Politik wurde meine Position im Bundeskanzleramt schwieriger, denn zu Fred Sinowatz hatte ich keine persönliche Beziehung, weshalb ich nicht unglücklich bei der Vorstellung war, das Bundeskanzleramt zu verlassen.

Kandidat der ÖVP für den Präsidenten des Verfassungsgerichtshofes war Karl Korinek, der Ende Dezember 1983 gerade 43 Jahre alt und damit acht Jahre jünger war als ich. Die ÖVP nahm das Nominierungsrecht für den Präsidenten des Verfassungsgerichtshofs für sich in Anspruch. Damit war der Kriegsfall gegeben.

Widerstand regte sich aber auch bei Mitgliedern des Verfassungsgerichtshofs, die der SPÖ angehörten oder ihr nahestanden. Angesichts der sich abzeichnenden Kontroverse erschienen einige Mitglieder bei Bundeskanzler Sinowatz und gaben ihrer Sorge dahin Ausdruck, meine Nominierung könne den Frieden im Gerichtshof stören. Man sieht: Die Situation war keineswegs »einfach gestrickt«.

Bei dieser Konstellation hätte einem die Freude an der mir zugedachten Funktion vergehen können, aber ich blieb beharrlich, zum einen, weil ich meine Unterstützer nicht enttäuschen wollte, und zum anderen, weil ich mich für geeignet hielt.

Der Ernennungsvorschlag war gemäß der Verfassung von der Bundesregierung zu erstatten. Trotzdem kam es im Nationalrat zu wilden Auseinandersetzungen, die im Protokoll nachzulesen sind, insbesondere Michael Graff hatte es scharf auf mich abgesehen. Dennoch: Die Ernennung konnte nicht verhindert werden.

Es gab damals ein Übereinkommen zwischen den Klubs der SPÖ und der ÖVP über die Besetzung von Richterstellen beim Verfassungsgerichtshof, nach dem die Funktion des Präsidenten auf Vorschlag der ÖVP zu besetzen gewesen wäre. Meine Berufung musste unweigerlich als Bruch dieses Abkommens gesehen werden. Und nicht nur das – nachdem das Thema »Justizminister« vom Tisch war, tauchte der »Verräter« in neuer Maske wieder auf. Ich wurde also neuerlich unter Beschuss genommen, mit tatkräftiger Unterstützung von »Presse« und »Wochenpresse«. Das stereotyp wiederkehrende Argument ging dahin, dass meine juristische Qualifikation zwar außer Frage stehe, doch hätte ich in meiner bisherigen Funktion im Verfassungsdienst seit Jahren Gesetzesentwürfe als verfassungskonform abgesegnet, die nun, als geltende Gesetze, im Prüfungsverfahren vor dem Verfassungsgerichtshof anhängig sein könnten.

Damit nicht genug, schrieb Dieter Lenhardt in der »Presse« vom 11. November 1983:

> *»Die ÖVP ist gegen Adamovich, weil ihn, den Nichtsozi alisten, Bruno Kreisky als Justizminister ins Auge gefasst hatte und der Sektionschef (daraufhin?) aus dem ÖAAB ausgetreten war.«*

Mit unbeirrbarer Konsequenz wurde bei jeder sich bietenden Gelegenheit (auch im Nationalrat) betont, dass die ÖVP kein Vertrauen zu mir habe. Besonders liebenswürdig äußerte sich Frau Barbara Stiglmayer im Organ der steiermärkischen ÖVP, der »Südost-Tagespost«:

> *»Problematisch ist die Besetzung deswegen, weil Adamovich sich in den vergangenen Jahren als eifriger Diener seiner Herren im Bundeskanzleramt ebenso erwiesen hat wie als willfähriges Werkzeug der SPÖ-Mehrheit im Parlament.«*

Der Obmann der ÖVP, Alois Mock, sprach von einer »sehr ernsten Situation«. Dennoch beschloss die Bundesregierung in der Sitzung vom 22. November 1983 meine Nominierung. ÖVP-Generalsekretär Michael Graff bezeichnete dies als »Gefährdung für den Basiskonsens unserer Republik«.

Staatssekretär Löschnak trat dem scharf entgegen. In der Sitzung des Nationalrates vom 30. November 1983 verpasste mir Abgeordneter Herbert Kohlmaier eine neuerliche »Abreibung«, allerdings nicht mit neuen Argumenten. Wörtliches Zitat:

> *»Vor wenigen Tagen haben Sie, Herr Bundeskanzler, bekannt gegeben, dass die Sozialistische Partei auch den Verfassungsgerichtshof ausschließlich nach ihren Wünschen besetzen will. Herr Bundeskanzler, Sie wissen selbst ganz genau, dass Sie damit die Verantwortung für einen Wortbruch auf sich laden. Sie wissen auch ganz genau, dass es zumindest unzweckmäßig ist, wenn der ehemalige Leiter des Verfassungsdienstes, der zahllosen Gesetzeswerken der sozialistischen Alleinregierung die verfassungsmäßige Unbedenklichkeit bescheinigt hat, nun als oberster Kontrollor dieser Verfassungsmäßigkeit eingesetzt wird. Es geht hier gar nicht darum, ob Dr. Adamovich ein guter oder ein schlechter Jurist ist. Wir unterstellen ihm auch gar nicht unlautere Motive für seinen kürzlich bekanntgewordenen Austritt aus dem ÖAAB. Es geht uns hier – neben anderem – um eine Frage des guten politischen Stils, um die Frage, meine Damen und Herren, ob man sich um das Bestehen einer breiten Vertrauensbasis bemüht oder nicht bemühen will.«*

Aber es nützte alles nichts; ich wurde von Bundespräsident Rudolf Kirchschläger ernannt und am 22. Dezember 1983 in Gegenwart von Bundeskanzler Sinowatz angelobt. Der Verfassungsgerichtshof war nicht vertreten.

Der (gesundheitlich angeschlagene) Vizepräsident Kurt Ringhofer befand sich auf Kuraufenthalt, während das älteste in Wien anwesende Mitglied Dietrich Roessler, dem die

Vertretung oblag, offenbar nicht mobilisiert worden war. Es war eine sehr einsame Feierlichkeit. Wenn ich mir vor Augen halte, in welcher äußeren Form meine beiden Nachfolger angelobt wurden, ist eine deutliche Entwicklung festzustellen.

Bemerkenswert war auch das Folgende: Damals war es üblich, dass die »Wiener Zeitung« bei Ernennungen von hochrangigen Funktionären ein kurzes Porträt mit Lebenslauf brachte. In meinem Fall unterblieb dies, und es wurde nur die unvermeidliche, wenige Zeilen umfassende Notiz über den Ernennungsakt des Bundespräsidenten veröffentlicht; kein einziges Wort zur Person. Zweifellos ein weiterer unfreundlicher Akt, auf wessen Initiative oder Nachlässigkeit er auch immer zurückgehen mag.

6 *Verfassungsgerichtshof*

Die österreichische Bundesverfassung kennt zwei Grundtypen der Gerichtsbarkeit, nämlich die »ordentliche Gerichtsbarkeit« für Zivil- und Strafsachen mit dem Obersten Gerichtshof an der Spitze und die »Gerichtsbarkeit des öffentlichen Rechts«, also Verfassungsgerichtshof, Verwaltungsgerichtshof und Asylgerichtshof. Während der Verwaltungsgerichtshof die Rechtmäßigkeit der Verwaltung zu kontrollieren hat und der Asylgerichtshof nur für eine begrenzte Verwaltungsmaterie zuständig ist, sind die Kompetenzen des Verfassungsgerichtshofes heterogen: Prüfung von Gesetzen und Verordnungen, Wahlsachen, Entscheidung über »Ministeranklagen«, Prüfung von Verwaltungsakten auf ihre Verfassungsmäßigkeit, Entscheidung über zivilrechtliche Ansprüche gegen Bund, Länder, Gemeinden und Gemeindeverbände, die nicht im ordentlichen Rechtsweg auszutragen sind, bestimmte Kompetenzkonflikte und noch einiges andere, was hier vernachlässigt werden kann.

Der Verfassungsgerichtshof besteht aus einem Präsidenten, einem Vizepräsidenten, zwölf Mitgliedern und sechs Ersatzmitgliedern. Sie scheiden mit Ende des Jahres aus dem Amt, in dem sie das siebzigste Lebensjahr vollendet haben. Zum Unterschied von den Richtern der ordentlichen Gerichtsbarkeit und der beiden anderen Formen der Gerichtsbarkeit öffentlichen Rechts sind die Mitglieder des Verfassungsgerichtshofes als solche keine Berufsrichter. Sie müssen freilich durch mindestens zehn Jahre eine Berufsstellung bekleidet haben, für die der Abschluss des Rechtsstudiums vorgeschrieben ist. Unter dieser Voraussetzung kann jeder Jurist Mitglied des Verfassungsgerichtshofes werden, Präsident und Vizepräsident allerdings nur ein Berufsrichter (aus einem anderen Zweig der Gerichtsbarkeit), ein Rechtsprofessor oder ein Verwaltungsbeamter. Letztere müssen, wenn sie zum Mitglied des Verfassungsgerichtshofes ernannt werden, außer Dienst gestellt werden. Alle übrigen Mitglieder (auch die Anwälte) können ihren angestammten Beruf weiterhin ausüben. Im internationalen Vergleich eine eher außergewöhnliche Regelung, aber sie soll für Meinungsvielfalt im Gerichtshof sorgen. Es gibt Unvereinbarkeitsregelungen, die hier nicht näher dargestellt werden müssen.

Als ich am 2. Januar 1984 meinen Dienst als Präsident des Verfassungsgerichtshofes antrat, stieß ich auf gähnende Leere. Nur ganz wenige Bedienstete waren zu sehen, darunter Präsidialvorstand Dr. Schwärzler. Das war nicht nur die Folge der Weihnachtsferien, sondern auch diejenige der noch zu erörternden Arbeitsweise des Gerichtshofes.

Dafür hatte man mir ein »Einstandsgeschenk« vorbereitet, indem für Mitte Januar eine »Zwischensession« anberaumt war. Dabei ging es ausschließlich um weitere Maßnahmen zur Entlastung des Gerichtshofes. Offenbar war man der Meinung, dass der neue Präsident seine Durchsetzungsfähigkeit gegenüber Regierung und Parlament beweisen solle. Grundlage der Beratungen bildete ein von Kurt Heller ausgearbeitetes Papier.

Vor der »Zwischensession« musste ich aber noch eine Erfahrung machen, die mir wenig Freude bereitete. Die »Presse«, die während der Zeit des »Kampfes« immer wieder mir gegenüber kritische Artikel veröffentlicht hatte, brachte am 2. Januar 1984 ein »Exklusivinterview« mit mir unter dem Titel »Schwerer Start für den Primus«. Folgendes stand darin wörtlich zu lesen:

> *»Und für Adamovich fast noch kritischer: Im 13-köpfigen Kollegium der Verfassungsrichter erhob sich keine einzige Stimme für den ›Extraneus‹, den von außen Kommenden. Eine diskrete Vorsprache der SP-nahen Verfassungsgerichtshof-Mitglieder an hoher Partei- und Regierungsstelle blieb erfolglos. Aber da Diskretion – so wie früher in feinen Bankhäusern üblich – bis heute den hohen Richtern in den Knochen sitzt, schlugen die Herren weiters keine hohen*

Wellen und harrten sozusagen mit verschränkten Armen ihres neuen Vorsitzenden.«

Schlusssatz des Interviews:

> *»Ich möchte mich nicht als politisches Neutrum definieren. Ich bin weiterhin Mitglied des ÖVP-Akademikerbundes und habe mir dabei etwas gedacht. Ich bekenne mich zu dessen Zielsetzungen und es sind im Großen und Ganzen konservative.«*

Das reichte. Im SPÖ-Lager regte sich daraufhin deutlicher Unmut, sogar bei dem mir so freundlich gesinnten Franz Löschnak. Die heftigste Kritik übte aber offenbar Christian Broda, der intern düstere Prognosen für die nun zu erwartenden Entscheidungen des Verfassungsgerichtshofes äußerte. Eine Entscheidung wie die zur Fristenlösung werde es nun nicht mehr geben, soll er im vertrauten Kreis gemeint haben. Nachträglich erscheint es mir unbegreiflich, wie ein so bedeutender und erfahrener Mann die Einflussmöglichkeiten des Präsidenten, der ja – außer im Fall der Stimmengleichheit – gar kein Stimmrecht hat, derart überschätzen konnte.

Ich sah mich – wieder einmal – in akuter Gefahr, zwischen zwei politischen Blöcken aufgerieben und als »Doppelagent« betrachtet zu werden. Denn in der ÖVP hatte man sich zwar mit meiner Ernennung abgefunden, aber freundlich war man mir keineswegs gesinnt. Ich stand unter genauer Beobachtung, wobei nicht vergessen werden darf, dass ÖVP-Generalsekretär Michael Graff mit einigen Mitgliedern des Gerichtshofes eng befreundet war.

Die ÖVP hielt im selben Frühjahr eine Enquête zum Thema »Entlastung des Verfassungsgerichtshofes« ab, an der viele Mitglieder des Gerichtshofes teilnahmen. Ich blieb eingedenk der Erfahrungen mit dem »Presse«-Interview der Veranstaltung fern. Am nächsten Tag konnte man dem Bericht der »Presse« prompt entnehmen, meine Absenz habe

Kopfschütteln ausgelöst. Dies überraschte nicht, war doch ein Mitglied des Gerichtshofs sehr gut mit dem damaligen »Presse«-Ressortleiter für Innenpolitik befreundet.

Um das alles verstehen zu können, muss man die Entwicklung in der Zusammensetzung des Verfassungsgerichtshofes kennen. Wilhelm Rosenzweig spielte bis zu seinem Ausscheiden Ende 1978 eine dominierende Rolle im Kreis der SPÖ-nahen Mitglieder. Da diese im Gerichtshof in der Mehrheit waren, erschien die Judikatur insgesamt stark von seinen Ideen geprägt. Sie war damals im Wesentlichen sehr formal, insbesondere im Bereich der Grundrechte. Zwar wurde stereotyp wiederholt, dass gesetzgeberische Regelungen nicht in den Wesensgehalt von Grundrechten eingreifen dürfen, es fand sich aber in der älteren Judikatur kein einziger Fall, in dem man einen solchen Eingriff in den Wesensgehalt als gegeben angenommen hätte. In Fragen des Eigentums und der Erwerbsfreiheit war man äußerst zurückhaltend.

Das änderte sich, als 1978 auf Vorschlag der ÖVP Karl Korinek und Peter Jann als Mitglieder auf den Plan traten. Karl Korinek verfolgte das erklärte Ziel, der Judikatur neue Akzente zu geben. Dabei stellte sich die Frage nach den Grenzen der Verfassungsgerichtsbarkeit: eine rechtliche Frage mit starken politischen Konsequenzen. Die bisherige Judikatur war von der Linie gekennzeichnet, im Zweifelsfall eher keine Verfassungswidrigkeit anzunehmen. Damit bewegte man sich durchaus auf den Spuren des geistigen Vaters, Hans Kelsen. Im Gerichtshof bildeten sich daraufhin Allianzen, die gar nichts mit Politik zu tun hatten, sondern mit methodischen Positionen und mit dem »Rollenverständnis« des Verfassungsgerichtshofes. Sehr zum Missfallen vor allem der SPÖ, aber auch einzelner Rechtswissenschaftler nahm die Judikatur eine neue Richtung. Insbesondere die der »Reinen Rechtslehre« nahestehenden Wissenschaftler opponierten heftig. Wer immer Näheres zu diesem Thema erfahren möchte, dem kann ich nur die hervorragende

Darstellung im Buch von Kurt Heller, »Der Verfassungsgerichtshof« (Wien 2010), empfehlen. Hier sei nur Folgendes festgehalten:

Vielleicht die wichtigste Aufgabe des Verfassungsgerichtshofes (nicht die einzige) ist die Prüfung von Gesetzen auf ihre Verfassungsmäßigkeit. Prüfungsmaßstab ist die ganze Verfassung, zu der auch die auf Menschenrechten basierenden Grundrechte gehören. Die Unübersichtlichkeit der einschlägigen Rechtslage habe ich schon hervorgehoben. Die entscheidende Frage geht dahin, wie streng der Maßstab der Prüfung gesehen wird, mit anderen Worten, wie groß der Spielraum ist, der dem Gesetzgeber gelassen wird. Man steht hier vor zwei möglichen Extrempositionen: Die Kontrolle ist wirkungslos, weil sie dem Gesetzgeber »alles durchgehen« lässt, oder sie ist überschießend, indem sie selbst Politik betreibt. Die Kunst besteht darin, die richtige Mitte zu finden, über die man natürlich kräftig streiten kann.

Ich habe mich mit den Grundlagen der neuen Judikaturlinie sehr ernsthaft auseinandergesetzt. Die Schlüsselfrage geht dahin, was man als von der Verfassung vorausgesetzt ansehen darf. Die Verfassung kann nicht alles selbst regeln; insbesondere wäre es seltsam, wollte man dem Verfassungsgerichtshof vorschreiben, wie er zu judizieren habe. Das ist also alles eine Frage der Interpretation. Über die Grenzen der Interpretation kann man nun sehr verschiedener Meinung sein. »Im Auslegen seid frisch und munter, legt ihr's nicht aus, so legt was unter«, lässt schon Goethe seinen Mephisto sagen.

Die Reine Rechtslehre hat eine äußerst strenge Vorstellung davon, was noch zulässige Interpretation ist. Allerdings macht sie auch einen klaren Unterschied zwischen Rechtsanwendung und wissenschaftlicher Interpretation. Die heutigen Vertreter der Reinen Rechtslehre meinen freilich, ein Gerichtshof wie der Verfassungsgerichtshof müsse nach wissenschaftlichen Gesichtspunkten vorgehen. Das scheint zwar einleuchtend, aber was noch wissenschaftlich ist und was Politik oder Ideologie, darüber kann man sehr streiten. Auf jeden Fall sollte die Begründung einer Entscheidung nicht in bloßen Behauptungen bestehen, sondern die dahinter stehenden Überlegungen transparent machen. In dieser Hinsicht weist die neue Judikatur da und dort gewisse Defizite auf.

Es ist schon eine recht seltsame Welt, in welcher der Jurist wandelt. Ganz besonders deutlich wird dies dort, wo es um prozessuale Fragen geht, wie sie ja auch im Verfahren vor dem Verfassungsgerichtshof eine bedeutende Rolle spielen. Antragslegitimation und »Präjudizialität«, also die Frage, ob die Rechtmäßigkeit einer Norm die Voraussetzung für eine Entscheidung des Verfassungsgerichtshofes bildet, stehen da im Zentrum. Einschlägige intensive Diskussionen in den Beratungen des Verfassungsgerichtshofes haben mich wirklich an den Rand der Verzweiflung gebracht. Dabei sind solche Debatten sicher notwendig, allein schon, um den Verfassungsgerichtshof nicht dem Vorwurf der Zuständigkeitsüberschreitung auszusetzen. Aber es geht um die Verhältnismäßigkeit, und wenn man die Intensität der prozessualen Debatten in Relation setzt zu denjenigen in der Sache selbst, können einem schon ernste Zweifel über die Gewichtung kommen.

Freilich zeigt sich gerade bei solchen Unterhaltungen die Eigenständigkeit des Juristischen. Mit Gerechtigkeit in einem ethischen Sinn hat das alles überhaupt nichts zu tun. Wenn man jedoch Gerechtigkeit von vornherein als Illusion betrachtet, sieht man in solchen formalen Diskussionen eine seriöse Basis jenseits metaphysischer Spekulationen. Es kann jemand in der Sache noch so Recht haben, wenn die prozessuale Konstellation nicht für ihn spricht, hilft ihm das gar nichts. Das muss man wohl als unvermeidlich zur Kenntnis nehmen. Die Verliebtheit in solche formalen Fragen ist eine andere Geschichte. Man kommt hier schon stark in die

Nähe der Mathematik. Ich weiß, wovon ich spreche, denn über meinen einschlägigen Kriegszustand habe ich bereits berichtet, insbesondere auch über den paternalistischen Aspekt.

Auf der anderen Seite steht die Judikatur des Verfassungsgerichtshofes zu den Grundrechten, vor allem zum Gleichheitsgrundsatz. Ursprünglich bedeutete dieser die Verpflichtung, das Gesetz in gleicher Weise auf alle Betroffenen anzuwenden. Die Bindung des Gesetzgebers selbst an den Gleichheitssatz kam in der Judikatur erst später dazu, allerdings schon in den Zwanzigerjahren des vorigen Jahrhunderts. Wenn man heute selbst Zuständigkeitsregelungen am Maßstab des Gleichheitsgrundsatzes misst, ist dies einigermaßen kühn und passt so gar nicht zu der in prozessualen Fragen praktizierten Akribie. Die Kritik an der Judikatur ist sehr oft unfair, aber in diesem Punkt ist sie sicher berechtigt.

Der Verfassungsgerichtshof hat sich stets peinlich davor gehütet, seine Judikatur zum Gleichheitsgrundsatz in einen Zusammenhang mit dem Prinzip »Gerechtigkeit« zu stellen, übrigens sehr im Gegensatz zum deutschen Bundesverfassungsgericht und dem Schweizerischen Bundesgericht. Stattdessen spricht man von »sachlicher Rechtfertigung«. Das ist in Wahrheit ein Teilbereich der Gerechtigkeit, wenngleich weniger spekulativ.

Bemerkenswert ist, dass der so umstrittene Ausdruck »Gerechtigkeit« im Jahr 2005 Eingang in den Text der Bundesverfassung gefunden hat. Gemäß Art. 14 Abs. 5a sind Demokratie, Humanität, Solidarität, Friede und Gerechtigkeit sowie Offenheit und Toleranz gegenüber den Menschen Grundwerte der Schule.

Bei der Beurteilung der Frage, ob eine Regelung »sachlich gerechtfertigt« ist, kommt es darauf an, was man vergleicht; das ist keineswegs immer selbstverständlich. Fragen der Weltanschauung können hier durchaus hineinspielen.

In diesem Zusammenhang stellt sich die Frage, ob und

inwieweit der Verfassungsgerichtshof berechtigt ist, eigene Wertmaßstäbe in die Judikatur einzubringen. Manche verneinen das ganz entschieden. Meines Erachtens ist es unvermeidlich, sonst braucht man überhaupt keine Judikatur zu den Grundrechten. Allerdings muss es da Grenzen geben; wo diese zu ziehen sind, darüber kann man natürlich trefflich streiten. Der Verfassungsgerichtshof darf sich nicht als der bessere oder gerechtere Gesetzgeber gerieren. Aber wann ist das der Fall? Wer in der strengen Tradition Hans Kelsens steht, wird eine ganz andere Antwort geben als der »gemäßigte« Rechtspositivist.

Hans Kelsen hat immer wieder davor gewarnt, dass der Verfassungsgesetzgeber mit wertgeladenen Begriffen wie »Billigkeit« und »Gerechtigkeit« operiert, und auf möglichst präzise Formulierungen gedrungen. Bei Verfassungsbestimmungen stößt man aber hier an die Grenzen des Möglichen. Ein Grundrechtskatalog ohne weit gefasste Begriffe ist kaum denkbar. Dies zeigen auch die heute in großer Zahl vorliegenden internationalen Dokumente, nicht zuletzt die Grundrechtecharta der Europäischen Union. Ein Ausweg bestünde nur darin, diese Grundrechte nicht durch die Möglichkeit der Gesetzesprüfung justiziabel zu machen oder wenigstens den Spielraum des »einfachen« Gesetzgebers sehr weit zu ziehen. Genau das tut ja die neue Judikatur des Verfassungsgerichtshofes nicht.

Im Verfassungsgerichtshof kann man nicht parteipolitisch oder sonstwie ideologisch argumentieren, sondern nur juristisch. Mit einigem Geschick kann man aber ideologische Zielsetzungen juristisch maskieren. Eine Verfassungswidrigkeit nicht anzunehmen, kann auch ideologisch motiviert sein, denn es ist durchaus nicht immer klar, ob man es mit einer Verfassungswidrigkeit zu tun hat, weil vor allem die Grundrechte allgemeiner formuliert sind als einfachgesetzliche Bestimmungen. Die Vorjudikatur bietet hier zwar gewisse Wegweisungen, aber von ihr kann man ja abweichen.

Und man kann überhaupt neue Gedanken in die Judikatur einbringen. Dies ist auch tatsächlich geschehen, und von daher muss man die Sensibilität politischer Kreise verstehen, zumal die ÖVP zu Zeiten von Michael Graff in der politischen Diskussion ihre schützende Hand über den Verfassungsgerichtshof und seine neuen Wege hielt. Ganz vergessen darf man über diesen theoretischen Diskussionen auch den menschlichen Faktor nicht, denn es erhöht durchaus das Selbstwertgefühl, wenn man intensiver in das staatliche Geschehen eingreifen kann. Dies sind jedoch Vorgänge, die sich jedem Beweis entziehen.

Als ich in den Gerichtshof kam, war die neue Judikaturlinie schon in voller Blüte. Obwohl selbst nicht frei von Skepsis, hatte ich sie nach außen zu vertreten. Allerdings betrachtete auch ich die ältere Judikatur als zu eng. Im Gerichtshof war es vor allem Vizepräsident Kurt Ringhofer, der sich kritisch gegenüber der neuen Linie verhielt, aber er konnte sich nicht durchsetzen und resignierte zunehmend.

Unter den gegebenen Umständen war es so gut wie ausgeschlossen, es jedem Recht zu machen, obwohl ich das gerne getan hätte. Auch in dieser Beziehung wies ich eine beträchtliche Blauäugigkeit auf.

Mein Vater hatte den Gerichtshof kraft seiner unbestreitbaren fachlichen Autorität auch in sehr autoritärem Stil geführt, und es war offenbar sehr schwierig gewesen, gegen ihn aufzutreten. Manche schlossen daher messerscharf, dass ich ebenso vorgehen würde. Aber genau das Gegenteil war richtig. Ich hatte nur allzu viele Erfahrungen mit autoritärem Stil gesammelt, als dass ich ihn hätte nachahmen wollen, und so hielt ich mich in den Beratungen des Gerichtshofes extrem zurück. Natürlich bot auch das Grund zur Kritik.

Was mir allerdings sogleich als reformbedürftig auffiel, war die innere Organisation des Gerichtshofes. Ich war der erste Präsident, der diese Funktion wirklich hauptberuflich ausübte. Als Verwaltungsbeamter musste ich ja außer Dienst gestellt werden, und meine Vorgänger waren außerhalb der »Sessionen« nur sehr selten im Gerichtshof zu sehen. Aus solchen Gegebenheiten entwickelt sich unweigerlich eine Eigendynamik. Dass in jedes Vakuum etwas hineinstößt, habe ich immerhin aus dem Physikunterricht behalten. So war es auch hier: Eine spezifische Eigenart des Verfassungsgerichtshofes besteht darin, dass nicht jedes Mitglied auch Referent ist, vielmehr gibt es – zurückgehend auf die Zeit des Reichsgerichts – die Institution der auf drei Jahre gewählten ständigen Referenten. Ursprünglich waren es nur zwei oder drei, dann wurden es immer mehr. Heute sind die Mitglieder, die nicht Referenten sind, eine winzige Minderheit. Diese ständigen Referenten sind nicht durchwegs in Wien anwesend. Diejenigen aber, die in Wien anwesend waren, hatten mangels Präsenz des Präsidenten eine Art von Selbstverwaltung installiert und vieles untereinander besprochen. Dass nun auf einmal ein Präsident kam, der mitreden wollte, sah man natürlich nicht gern.

Im Kanzleibetrieb lag vieles im Argen, es fehlte eine umfassende Leitung der Gerichtskanzlei. Die Zustände dort waren ziemlich chaotisch. Es gelang mir in der Folge, einen früheren Kanzleidirektor des Bundeskanzleramtes dafür zu gewinnen, Reformmaßnahmen vorzuschlagen, die schließlich auch umgesetzt wurden. Dann bestellte ich eine noch sehr junge, aber überaus tüchtige Bedienstete zur Leiterin der Geschäftsstelle.

Aus dem Bundeskanzleramt hatte ich zwei Personen »mitgebracht«, meine spätere Frau, Dr. Britta Wagner, und meine Sekretärin Gertraud Horanek. Die Personal- und Haushaltsangelegenheiten des Verfassungsgerichtshofes wurden nach der damaligen Rechtslage »unter der Verantwortung« des Bundeskanzlers geführt. Das hatte zur Folge, dass das Bundeskanzleramt den Verfassungsgerichtshof (wie übrigens auch den Verwaltungsgerichtshof) als »Unterbehörde« betrachtete und dementsprechend behandelte. Umso wichtiger war ein guter Kontakt mit dem zuständigen Staatssekretär, und das war zunächst immer noch Franz Löschnak, dem ich viel wertvolle Unterstützung zu verdanken habe.

Der Verfassungsgerichtshof pflegte, seitdem er in der »Böhmischen Hofkanzlei« untergebracht war, seine Beratungen im Beratungszimmer an der Seite des großen Verhandlungssaales abzuhalten, an einem rechteckigen Tisch, bei sehr schlechter Akustik und Beleuchtung. Die Sitzordnung war so, dass am Kopf des Tisches der Präsident saß und an den Seiten jeweils der Vizepräsident und die übrigen Mitglieder nach der Rangordnung. Das »Oben« und »Unten« hatte also mit dem Alter der Mitglieder zu tun, und dementsprechend gebärdete man sich auch wie bei den bösen Buben in der Schule. Das weckte in mir den Wunsch, die Beratungen an einem runden Tisch abhalten zu wollen. Der Weg dorthin war zwar weit, aber wir haben ihn letztlich erfolgreich zurückgelegt.

All die Jahre während meiner Tätigkeit im Verfassungsgerichtshof hatte ich mit dem Imageschaden zu kämpfen, der durch meinen Austritt aus dem ÖAAB entstanden war. Letztlich mussten dadurch natürlich auch meine Förderer in der SPÖ unter Verdacht geraten, Druck ausgeübt zu haben. Es blieb mir also nichts anderes übrig, als meine Kritiker, aus welchem Lager auch immer, durch die Art meiner Amtsführung von meinem ernsthaften Bemühen um Objektivität zu überzeugen. Man muss dabei auch den menschlichen Faktor berücksichtigen. Ein übergangener Mitbewerber im Kollegium ist nun einmal ein Faktor, der nicht zu übersehen ist, vor allem, wenn es sich um einen Opinionleader innerhalb des Gremiums handelt.

Als Präsidenten war es mir nach dem Gesetz verwehrt, selbst Referate zu verfassen. Auch diese Bestimmung erwies sich als Hindernis. Ich war also mit meiner Situation alles andere als glücklich. Meine Umgebung registrierte mein Unbehagen mit kritischem Blick, was mein Wohlbefinden nicht eben steigerte. Die Arbeitsweise des Gerichtshofes in grundsätzlich vier Sessionen von dreiwöchiger Dauer schien mir arbeitsphysiologisch an der Grenze des Zumutbaren, aber sie war eine – allerdings nicht zwingende – Konsequenz der »Nebenberuflichkeit« des Verfassungsrichteramtes. Für jene Mitglieder, die außer Dienst gestellte Verwaltungsbeamte sind, gilt diese Nebenberuflichkeit ohnehin nicht, sodass eine Zweiklassengesellschaft geschaffen wurde.

Im Jahr 1985 hatte sich der Verfassungsgerichtshof mit einer sehr unangenehmen und seltenen Rechtsfrage zu beschäftigen. Die österreichische Bundesverfassung kennt das Institut der »mittelbaren Bundesverwaltung«. Das bedeutet, dass in die Kompetenz des Bundes fallende Angelegenheiten im Bereich der Länder – abgesehen von Ausnahmebestimmungen – vom Landeshauptmann und den ihm unterstellten Landesbehörden besorgt werden. Dabei ist der Landeshauptmann an die Weisungen der Bundesregierung und des zuständigen Bundesministers gebunden.

Im Zusammenhang mit dem »Marienfeiertag« 8. Dezember war ein heftiger Konflikt zwischen dem Landeshauptmann von Salzburg Wilfried Haslauer und dem Bundesminister für Soziales Alfred Dallinger entstanden. Es ging um die Öffnung von Geschäften und die Beschäftigung von Dienstnehmern an diesem Feiertag. Es gab eine gesetzliche Ermächtigung an den Landeshauptmann, solches ausnahmsweise im Verordnungsweg zu gestatten. Von dieser Möglichkeit machte der Landeshauptmann für den 8. Dezember 1984 Gebrauch. Der Sozialminister aber hatte ihm die Weisung erteilt, diese Verordnung hinsichtlich der Beschäftigung von Dienstnehmern zurückzunehmen. Der Landeshauptmann weigerte sich, worauf der Sozialminister – es war die Zeit der SPÖ-FPÖ-Koalition – durchsetzte, dass die Bundesregierung von der ihr verfassungsrechtlich eingeräumten Befugnis Gebrauch machte, den Landeshauptmann wegen Nichtbefolgung der Weisung beim Verfassungsgerichtshof anzuklagen.

Für alle Beteiligten eine äußerst unangenehme Sache.

Eine mündliche Verhandlung vor dem Verfassungsgerichtshof fand statt, an welcher der Landeshauptmann, vertreten durch seinen im Rechtsanwaltsberuf stehenden Sohn, selbst teilnahm. Juristisch spitzte sich die Sache auf die Frage zu, ob die Weisung des Sozialministers eines Einvernehmens mit dem Handelsminister bedurft hätte. Der Gerichtshof befand, dass ein solches Einvernehmen nicht notwendig gewesen sei, und musste daher zu einer Verurteilung des Landeshauptmannes kommen. Allerdings beließ es der Gerichtshof bei der Feststellung des gesetzwidrigen Handelns, sodass die Sanktion des Amtsverlustes nicht eintrat.

Ein höchst peinliches Verfahren mit starken politischen Implikationen. Der Landeshauptmann war durch die Verurteilung sehr betroffen. An dieser Stelle ist wichtig hervorzuheben, dass mittlerweile das gesamte Problem des Offenhaltens von Geschäften und der damit verbundenen Beschäftigung von Dienstnehmern im Weg der Gesetzgebung in großzügiger Weise gelöst worden ist.

Die SPÖ-FPÖ-Koalition, die das Verfahren initiiert hatte, geriet im Frühherbst 1986 in eine schwere Krise. Jörg Haider wurde in einem Überraschungscoup zum Obmann der FPÖ bestellt, und der damalige Bundeskanzler Franz Vranitzky war nicht bereit, die »Kleine Koalition« mit der FPÖ fortzusetzen. Neuwahlen fanden statt, eine »Große Koalition« zeichnete sich ab.

Im Zuge dieser Entwicklungen tauchte der Gedanke auf, die Funktion des Justizministers mit einem unabhängigen Fachmann zu besetzen. Ich war ein ernsthafter Kandidat. Die Funktion des Präsidenten des Verfassungsgerichtshofes hätte ich verloren, aber aus den beschriebenen Gründen hätte ich dies leicht verschmerzen können. Es sah so aus, als sei sogar die ÖVP mit einer solchen Postenbesetzung einverstanden, denn Karl Korinek wäre dann Präsident des Verfassungsgerichtshofs geworden. Aber diese Vorstellung gefiel wiederum anderen Leuten gar nicht. Ich weiß nicht, wer nun letzten Endes die Bremse zog, ob doch Kreise in der ÖVP am Werk waren oder umgekehrt Christian Broda und Wilhelm Rosenzweig die Richtung vorgaben. Letztere wollten mit Sicherheit weder Karl Korinek als Präsidenten noch mich als Justizminister.

Als die Möglichkeit meiner Berufung zum Justizminister ruchbar wurde, rief mich Wilhelm Rosenzweig an und ließ sehr deutlich durchblicken, dass er die Position des Präsidenten des Verfassungsgerichtshofes für wichtiger als die des Justizministers hielt. Schließlich wurde Egmont Foregger Justizminister, eine Wahl, die jedenfalls die Handschrift Christian Brodas trug, wenngleich das Wirken Foreggers nicht nach seinem Geschmack gewesen wäre. Christian Broda erlebte es nicht mehr; er starb am 1. Februar 1987, wenige Tage nach der Bestellung der neuen Bundesregierung.

Ich war zunächst etwas enttäuscht, denn ich wollte ja wirklich vom Verfassungsgerichtshof weg. Aber andererseits hatte die Entwicklung etwas Gutes. Es stellte sich einerseits später heraus, dass etliche »Leichen« im Keller des Justizministeriums zu finden waren. Und andererseits war meine Position im Gerichtshof besser geworden. Vor allem fand Vizepräsident Ringhofer, der mir durchaus kritisch gegenübergestanden war, nun sehr freundliche Worte. Er wäre ja sicher 1984 an meiner Stelle Präsident geworden, wenn er nur gewollt hätte. Er wollte sich aber nicht mit administrativen Angelegenheiten belasten. Lieber wäre es ihm gewesen, wenn nicht ein Jüngerer als er Präsident geworden wäre, wofür man Verständnis haben muss. Ringhofer war schwer kriegsversehrt; er hatte den rechten Arm verloren und eine schwere Kopfverletzung erlitten. Durch und durch ein Selfmade-Mann, besaß er einen messerscharfen Intellekt und war nicht ohne Grobheit. Der neuen Judikaturlinie stand er – wie erwähnt – ablehnend gegenüber.

Dennoch hatten sich die Umstände für mich ein wenig gebessert. Aber natürlich stand neben anderem der Verdacht im Raum, ich wäre ohne meinen Vater niemals Präsident geworden – der klassische Fall einer Annahme, die sich weder beweisen noch falsifizieren lässt. Von der Hand zu weisen ist sie nicht. In den Überlegungen von Bundeskanzler Kreisky spielte dies sicherlich eine Rolle. Mich hat es jedenfalls die ganze Zeit über außerordentlich belastet. Denn ich hatte mich ja zeitlebens mit dem Vaterbild herumgeschlagen und fühlte mich einmal mehr wie ein kleiner Bub, dessen Aufgabe hauptsächlich darin besteht, brav zu sein und die Eltern zufriedenzustellen. Die Auseinandersetzung mit dem Vater geschah seit dessem Tod nur mehr bildlich, die mit der Mutter – den privaten Bereich betreffend – durchaus real. Das »Bravsein« gegenüber dem Vater schützte mich nicht vor Konflikten im Gerichtshof. Immer wieder kam es zu kleineren und größeren Spannungen, zum Teil offen, zum Teil nur fühlbar. Eines Tages unternahmen drei Mitglieder des Gerichtshofes eine Demarche, um sich über verschiedene Missstände, wie sie behaupteten, zu beschweren. Diese Szene werde ich nicht so leicht vergessen. Unter anderem bezichtigten sie mich des mangelnden Korpsgeistes, ein Vorwurf, den ich als höchst unfair empfand. Und da ich offenbar in den Beratungen des Gerichtshofes immer wieder ein unfreundliches Gesicht machte, warf man mir auch dies vor und erklärte wortwörtlich, ich müsse meine Funktion »freudig ausüben«. Im Übrigen habe die Justizverwaltung durch den Präsidenten eine rein »dienende« Funktion.

1992 hatte die Wahl des Bundespräsidenten stattzufinden. Man dachte zunächst an einen gemeinsamen Kandidaten der bestehenden Koalition. Daraus wurde nichts, die Koalitionsparteien stellten eigene Kandidaten auf. Aber in der Phase davor suchte man noch fieberhaft nach einem gemeinsamen Kandidaten. So wurden Sondierungsgespräche geführt, unter anderen auch mit mir. Mein damaliger Gesprächspartner Franz Löschnak wies mich aber auf die zu erwartende Härte des Wahlkampfs und auf den wahrscheinlichen Gegenkandidaten Jörg Haider hin. Ich müsste daher bereit sein, alles offenzulegen, was im Wahlkampf gegen mich verwendet werden könnte. Auf ein solches Geschäft einzugehen hielten mich nicht »Leichen im Keller«, sondern gute und rein persönliche Gründe ab.

Da ich mich auf dem Gebiet der Judikatur nicht wirklich bewegen konnte, versuchte ich mich auf anderen Sektoren. So bemühte ich mich sehr um Kontakte mit vergleichbaren ausländischen Institutionen. Besuchsaustausch fand statt mit der BRD, der Schweiz, mit Italien, Frankreich, Spanien, Portugal, Kanada, Ungarn, Kroatien, Slowenien, Tschechien, der Slowakei, Polen, Russland, Bulgarien, Rumänien, Lettland, Litauen, Algerien, Tunesien, der Volksrepublik China und der Mongolei. Mit dem Supreme Court der USA gab es zwar keinen offiziellen Besuchsaustausch, aber wir machten schon 1985 dort einen halboffiziellen Besuch; einige Richter des Supreme Court – auch einen Chief Justice – konnten wir an unserem Gerichtshof begrüßen.

In der Konferenz der Europäischen Verfassungsgerichte war ich bald eine bekannte Persönlichkeit, übte ich ja insgesamt 19 Jahre das Amt aus. Die Kontakte mit dem Europäischen Gerichtshof für Menschenrechte und später auch dem Europäischen Gerichtshof wurden ausgebaut.

In der Öffentlichkeit gab es immer wieder – zum Teil massive – Kritik an der Judikatur des Verfassungsgerichtshofes, der ich durchaus kämpferisch entgegentrat, was mir nicht nur Freunde einbrachte; auch im Gerichtshof war man mit der Art meiner Kriegsführung nicht immer einverstanden. Dabei gab es einiges zu verteidigen.

1987 geriet der Gerichtshof durch seine Entscheidung über Politikerpensionen in das Schussfeld aller politischen Parteien und der gesamten Medien. Es ging damals um landesgesetzliche Regelungen, die für den Fall des Zusammentreffens mehrerer Pensionen aus öffentlicher Hand bei Politikern ein Limit vorsahen. Betroffene Politiker in der

Steiermark und in Tirol riefen den Verfassungsgerichtshof an. Der Verfassungsgerichtshof gab ihnen Recht. Keineswegs wurde die grundsätzliche Berechtigung solcher Kürzungen in Zweifel gezogen, vielmehr wurde ausgesprochen, dass es aufgrund des Gleichheitsgrundsatzes nicht dasselbe sei, ob ein Politiker eine solche Kürzung am Ende oder zu Beginn der Laufbahn erleide. Daher wurde die Regelung insgesamt als gleichheitswidrig aufgehoben.

Diese Entscheidung zog einen Sturm der Entrüstung nach sich, weil man behauptete, den Politikern würden solcherart materielle Interessen unterstellt. Es kam zu einer verfassungsgesetzlichen Regelung, die freilich nur aussagte, was der Gerichtshof ohnehin nicht bestritten hatte, nämlich dass solche Kürzungsbestimmungen im Prinzip zulässig sind. Die Sache zog dann später noch weitere Konsequenzen nach sich.

1989 tobte die Gewerkschaft über die Entscheidung zum Ladenschluss. Der Gerichtshof hatte entschieden, dass die unflexible Art der Ladenschlussregelung im Widerspruch zum verfassungsgesetzlich gewährleisteten Recht auf Freiheit der Erwerbsausübung stehe. Dies war nun in der Tat neu, und man witterte Übles für eine Ausweitung dieser Judikatur. Die SPÖ zeigte sich zunehmend mit der Judikatur unzufrieden. Zur politischen Kritik gesellte sich die juristische von Seiten der Vertreter der Reinen Rechtslehre.

Aber das waren alles Kinderspiele im Vergleich zu den Konflikten mit Jörg Haider. Schon 1987 hatte dieser eine Attacke gegen die Verfassungsrichter geritten: Seine Partei werde auch die Privilegien dieser Gruppe »nicht ungeschoren lassen«.

1996 nahm sich Haider ausgerechnet während einer Konferenz der europäischen Verfassungsgerichte in Budapest liebevoll unserer Bezüge an und stellte einen Zusammenhang zwischen diesen und der Judikatur her. 1997 kam es zur Neuregelung der Politikerbezüge und im Zusammenhang damit auch der Bezüge der Verfassungsrichter.

Ein profilierter Kritiker der Judikatur war der damalige Präsident des Nationalrats Heinz Fischer, der im Zusammenhang mit einer Entscheidung des Verfassungsgerichtshofes über die steuerliche Berücksichtigung von Unterhaltsleistungen an Kinder sehr deutlich erklärt hatte, der Verfassungsgerichtshof sei zwar befugt, eine solche Entscheidung zu treffen, aber andererseits sehe sich das Parlament vor Entscheidungsnotwendigkeiten gestellt, denen es sich nicht entziehen könne. Das bedeutete mit anderen Worten, dass dem Parlament und nicht dem Verfassungsgerichtshof das »letzte Wort« in Fragen der Verfassungsinterpretation zukomme. Damit hatte Heinz Fischer die Hand auf eine sehr wunde Stelle gelegt. Denn der große Architekt der selbständigen Verfassungsgerichtsbarkeit Hans Kelsen hatte seiner Überzeugung Ausdruck gegeben, dass eine zu weit gehende Judikatur dieser Institution schade.

In der erwähnten Kontroverse ging es allerdings um etwas anderes. Die steuerliche Berücksichtigung der Unterhaltsleistungen an Kinder konnte erst ab einer bestimmten Einkommenshöhe wirksam werden, während ärmere Personen gar nichts davon hatten. Das war der Grund dafür, dass die schon früher bestandene Begünstigung gestrichen wurde, was in der Folge das aufhebende Erkenntnis des Verfassungsgerichtshofes bewirkte. Der Verfassungsgerichtshof argumentierte dahin, es sei gleichheitswidrig, Personen mit Unterhaltsverpflichtung und Personen ohne eine solche gleich zu behandeln. Die Kritiker auf der linken Seite wieder sahen in der Aufhebung der Regelung eine Privilegierung der besser Verdienenden. Für andere war die Kontroverse der beste Beweis dafür, dass es sich um eine Frage des gesetzgeberischen Spielraums handle, und daher um keine justiziable Angelegenheit.

Allen Kritikern gemeinsam ist die Sorge, der Verfassungsgerichtshof könne sich auf die Spuren des deutschen Bundesverfassungsgerichts begeben. Dieses hat von Anfang an seine Kompetenzen sehr großzügig ausgelegt und dem Gesetzgeber zum Teil sehr präzise Vorgaben gemacht. So weit ist die neue Judikatur des österreichischen Verfassungsgerichtshofes nie gegangen. Zweifellos hat jede Judikatur des Verfassungsgerichtshofes in Gesetzesprüfungsverfahren einen rechtsgestaltenden Zug; es geht um die Frage des Maßes. Entscheidungen des Verfassungsgerichtshofes sind auch keine Dissertationen oder Seminararbeiten. Vieles beruht auf Kompromissen. Viele Kritikpunkte sind in der Beratung ohnehin erörtert worden, aber da es keine öffentliche Beratung gibt und auch die Beratungsprotokolle nicht veröffentlicht werden, geht dies unter.

Kritiker haben auch immer wieder darauf hingewiesen, dass Verfassungsrichter sich zum Unterschied von Politikern keinen Wahlen stellen müssen, also keine politische Verantwortung tragen. Das ist zwar richtig, aber löst letztlich nicht das Problem der exakten Abgrenzung des Entscheidungsspielraums.

In diesem Zusammenhang ist auch die Frage der »dissenting opinion« ins Gespräch gebracht worden, also die Möglichkeit für einen Richter, der mit der Entscheidung der Mehrheit nicht einverstanden ist, seine Auffassung der Entscheidung anzuschließen. Solches gibt es im Supreme Court der USA, im Europäischen Gerichtshof für Menschenrechte und im deutschen Bundesverfassungsgericht. Hier besteht ein lebhaftes Für und Wider. Im Nationalrat hat in der zweiten Hälfte der neunziger Jahre sogar eine Enquête zu diesem Thema stattgefunden. Auch dabei konnte man freilich zu keiner Übereinstimmung kommen. Einerseits sorgt die »dissenting opinion« für mehr Transparenz, andererseits besteht natürlich die Versuchung, Entscheidungen mit »dissenting opinion« als minderwertiger darzustellen, als Entscheidungen ohne eine solche. Eine besonders pikante Situation ergibt sich dann, wenn die »dissenting opinion« besser argumentiert als die Mehrheitsentscheidung. Auf der internationalen Ebene ist es auch schon öfter vorgekommen, dass aus der einstigen »dissenting opinion« später die Mehrheitsmeinung wurde.

Eine Besonderheit der österreichischen Verfassungsgerichtsbarkeit ist es, dass der Präsident – außer bei Stimmengleichheit – nicht mitstimmt und selbst auch keine Entscheidungsentwürfe verfassen darf. Da die Zahl der Stimmführer im Plenum eine ungerade ist, bildet Stimmengleichheit ein atypisches Phänomen. Sie kann vorkommen, wenn ein Mitglied während der Beratung – aus welchen Gründen auch immer – ausscheidet; diesfalls darf nämlich kein Ersatzmitglied eintreten. Ich erinnere mich nicht genau daran, in wie vielen Fällen ich »dirimiert« habe, aber es war jedenfalls selten und betraf keine wirklich dramatischen Angelegenheiten.

Als Präsident des Verfassungsgerichtshofes übte ich gelegentlich Kritik an Praktiken der Gesetzgebung, und dies in viel stärkerem Ausmaß als meine Vorgänger, jedoch wesentlich weniger als meine beiden Nachfolger. Unmut in politischen Kreisen war mir sicher. Nach einer solchen kritischen Äußerung meinerseits rief mich Heinz Fischer, damals Präsident des Nationalrates, ziemlich aufgebracht an: Ob Walter Antoniolli sich auch so geäußert hätte? Eine Frage, die ich naturgemäß nicht beantworten konnte. Noch strenger ging Andreas Khol mit mir ins Gericht. Ich hatte in einem bestimmten Zusammenhang einer Zeitung gegenüber das Problem der Gesamtänderung der Bundesverfassung erklärt, die der obligatorischen Volksabstimmung unterliegt. Natürlich hatten sich meine Aussagen keineswegs auf ein anhängiges Gesetzesprüfungsverfahren bezogen. In einem Interview mit dem »Standard« wandte sich Andreas Khol daraufhin scharf gegen diese Äußerungen. Auf die Frage der Interviewerin, ob ich solche Äußerungen denn gar nicht machen dürfe, erwiderte Andreas Khol: »Das darf er, aber wenn ein einschlägiges Verfahren beim Verfassungsgerichtshof anhängig ist, werde ich ihn als befangen ablehnen.« Natürlich wusste und weiß der Verfassungsjurist Andreas Khol sehr gut, dass es im Verfahren vor dem Verfassungsgerichtshof überhaupt keine Ablehnung gibt und der Klubobmann einer Regierungspartei keine Stellung im Verfahren hat. Aber wer in der Öffentlichkeit weiß das schon? Ein anderes Mal verlangte Andreas Khol ziemlich kategorisch den Text einer Rede von mir, über die in einer Zeitung berichtet worden war.

Ich darf an dieser Stelle betonen, dass Andreas Khol mein Freund ist, aber er hatte natürlich seinen politischen Standpunkt zu wahren. Die Schärfe seiner damaligen Kritik erschien mir jedoch etwas verwunderlich. Die genannten Fälle sollten übrigens nicht die letzten bleiben.

1993 verstarb Vizepräsident Kurt Ringhofer nach langer Krankheit. Sein Nachfolger wurde der Vizepräsident des Obersten Gerichtshofes und ständige Referent des Verfassungsgerichtshofes Karl Piska. Als dieser Ende 1998 wegen Erreichens der Altersgrenze selbst ausscheiden musste, wurde Karl Korinek Vizepräsident. Damit waren die Weichen für meine eigene Nachfolge gestellt. Vier Jahre blieben mir noch. Und in diesen vier Jahren hat sich einiges getan:

Zu Beginn des Jahres 2000 fand die oft zitierte politische »Wende« in Österreich statt. Trotz heftiger Widerstände, insbesondere des Bundespräsidenten Thomas Klestil, konnte dieser nicht umhin, eine Koalition von ÖVP und FPÖ in die Bundesregierung zu berufen. Die Wellen der Empörung im In- und Ausland schlugen hoch. Die neu zu bestellende Bundesregierung konnte wegen massiver Demonstrationen gar nicht den Ballhausplatz zur Angelobung überschreiten, sondern musste einen unterirdischen Gang benutzen. Und schon vorher gaben 14 EU-Staaten die so genannten »Sanktionen« bekannt.

Ich war sogleich der Überzeugung, dass diese »Sanktionen« rechtswidrig seien. Bevor ich weiter schreibe, muss ich aber einige Worte über meine Beziehung zur deutschnationalen Bewegung verlieren.

Wie schon geschildert, war mein Vater von den Nazis verfolgt und ein »Schwarz-Gelber« aus tiefer Überzeugung, und ich hatte in meiner Schulzeit keinerlei Sympathien für das Nazi-Regime. Nach 1945 lernte ich auf verschiedensten Ebenen Personen mit NS-Vergangenheit kennen, zum Teil solche, zu denen ich eine aufrichtige persönliche Freundschaft entwickeln konnte, die aber wenige Schuldgefühle wegen dieser Vergangenheit zeigten. Das gab mir Anlass, über die deutschnationale Bewegung nachzudenken, die in den Nationalsozialismus gemündet ist. Man sollte sich nun nicht zur Annahme verleiten lassen, dass beide Bewegungen identisch seien und die Entwicklung zwangsläufig so verlaufen musste. Die »deutsche Frage« ist ein Thema spätestens seit den Napoleonischen Kriegen. Entscheidende Träger des Gedankens der deutschen Einheit waren die Studentenverbindungen, die schon in der ersten Hälfte des 19. Jahrhunderts auftraten und sich zum Teil durch beträchtliche Radikalisierung und Antisemitismus auszeichneten; dies hinderte übrigens bis zur Einführung des »Arierparagraphen« nicht, dass bedeutsame jüdische Persönlichkeiten solchen Verbindungen angehörten, wie Karl Marx, Viktor Adler und Theodor Herzl. In der Revolution von 1848 traten etliche jüdische Wortführer auf. Die nationale und die konstitutionelle Bewegung fielen zusammen. Gemeinsamer Gegner war das übernationale Haus Habsburg mit der Einheit von Thron und Altar. Die deutschnationale Bewegung war durchaus kein einheitliches Ganzes, und nicht alle, die ihr angehörten, waren so radikal wie später Georg von Schönerer, der – wie man weiß – Hitler entscheidend beeinflusst hatte. Dazu kam noch, dass der preußische Militarismus mehr und mehr zum Leitbild der radikalen Deutschnationalen wurde, vor allem nach dem Preußisch-Französischen Krieg von 1870/71. Eine gewisse Kraftmeierei war immer schon typisch für den harten Kern der deutschnationalen Bewegung.

Es ist nicht verwunderlich, dass die Deutschnationalen

mehr und mehr in den Sog des Nationalsozialismus gerieten, denn dieser setzte ihre Ideen mit großer Brutalität durch. Dazu gehört auch der so genannte »Anschluss«. Es ist nur umgekehrt ein Fehler, diesen als eine Erfindung Hitlers zu deklarieren, denn im Jahr 1918 waren so gut wie alle politischen Parteien der jungen Republik Österreich für den Anschluss. Dies änderte sich erst mit der Machtergreifung Adolf Hitlers im Jahr 1933. Die antiklerikale Ausrichtung der deutschnationalen Bewegung tat ein Übriges, obwohl es auch katholische Deutschnationale gab.

Aber den Rassismus des Nationalsozialismus hätte ein echter Katholik nie teilen dürfen. In dieser Situation trat der religiös motivierte Antisemitismus auf den Plan. Die Parole: »Frei von Juda, frei von Rom, bauen wir den deutschen Dom« war freilich stärker. Katholizismus und Nationalsozialismus passen nun einmal nicht zusammen, obwohl beide einen autoritären Zug aufweisen. Trotzdem bestand ein himmelhoher Unterschied zwischen dem österreichischen ständestaatlichen Regime und dem nationalsozialistischen System. Gemeinsam war ihnen die Ablehnung des demokratischen Pluralismus und damit des Parlamentarismus. Gemeinsam war ihnen auch, dass sie auf jede Frage die einzig richtige Antwort hatten. Auf Grund dieser Gegebenheiten entstanden trotz aller Gegensätze auch seltsame Allianzen.

Nach dem Zweiten Weltkrieg war die deutschnationale Bewegung zunächst in der Versenkung verschwunden. Bei den Nationalratswahlen 1949 trat aber mit deutlicher Förderung des Bundesministers für Inneres Oskar Helmer die Wahlpartei der Unabhängigen (WdU) auf, die auf Anhieb 16 Mandate erreichte. Bei den Präsidentschaftswahlen 1951 erreichte der dem WdU nahestehende Kandidat Burghard Breitner mehr als 600.000 Stimmen. Die Nachfolgepartei VdU geriet dann in die Krise.

1956 wurde die FPÖ neu gegründet; erster Obmann war Anton Reinthaler, Minister im Kabinett Seyss-Inquart vom

11. März 1938. Unter den Gründern gab es zahlreiche ehemalige Nationalsozialisten, nicht zuletzt den Vater von Jörg Haider. Lange Zeit bewegte sich die FPÖ an der Grenze der Bedeutungslosigkeit: für die Bildung der »Kleinen Koalition« im Jahr 1983 reichte es allemal. Obmann war damals Norbert Steger, der eine liberale Linie vertrat, aber schließlich von Jörg Haider mit massiver Unterstützung der Funktionäre gestürzt wurde.

Jörg Haider, zunächst fast Repräsentant einer links-liberalen Richtung, rückte im Lauf der Zeit deutlich nach »rechts«. Als hochintelligenter Dialektiker verstand er sich auf Wortspenden an die nationale Stammwählerschaft, oft in Form einer Gratwanderung, mehrfach in Form der Grenzüberschreitung. Aber darüber hinaus übte er sich in Kritik am bestehenden System, vor allem am Parteien- und Verbändestaat. Er zeigte echte Missstände auf und sah sich als Anwalt der »kleinen Leute«. Infolge seines niedrigen Alters und guten Aussehens vermittelte er den Eindruck von Jugendlichkeit und Unverbrauchtheit. Sein Kampf galt den »Altparteien«. Das Vokabular, dessen er sich dabei bediente, war allerdings äußerst bedenklich, aber er schritt von Erfolg zu Erfolg, bis es ihm 1999 gelang, die ÖVP zwar knapp, aber immerhin, in der Wählergunst zu überholen.

Es wäre ein Fehler, in diesem Erfolg nichts anderes als die Renaissance nationalen Gedankenguts zu sehen. Im Ausland entstand aber dieser Eindruck. Haider stammte aus einem nationalsozialistisch geprägten Elternhaus, und seine Ausdrucksweise erinnerte manchmal stark an frühere Zeiten. Haider war ein Spieler, aber kein Neonazi. Als Kenner österreichischer Verhältnisse wusste man das, als ausländischer Politiker nicht. So kam es zu den »Sanktionen«.

Diese unterbanden bis auf weiteres jeden Kontakt auf Regierungs- und anderer höherer Ebene mit den übrigen EU-Staaten. Verständlich waren diese »Sanktionen« durchaus, denn Haider schreckte nicht davor zurück, führende ausländische Politiker zu beleidigen, und es war sicher auch dieses Großsprechertum, das ihm Wählerstimmen brachte. Dass dies im Ausland Assoziationen weckte, kann nicht überraschen.

Trotzdem waren die Sanktionen sowohl politisch als auch juristisch ein Fehler. Denn eine ernste Gefährdung von Demokratie und Rechtsstaat in Österreich lag nicht vor, das Gemeinschaftsrecht bot keinerlei Grundlage für die Aktion. Ferner konnte man sich des Eindrucks nicht erwehren, dass die Sanktionen für einzelne Staaten den Sinn hatten, von eigenen innenpolitischen Problemen abzulenken.

Ich sah in den Sanktionen eine Beleidigung meines Heimatlandes und wollte mein Möglichstes tun, dem entgegenzutreten. Dabei kamen mir meine guten Kontakte zu Robert Badinter, dem früheren französischen Justizminister, dann Präsident des Conseil constitutionnel und schließlich Senator zugute. Badinter stand als sozialistischer Politiker hinter den Sanktionen, aber er machte es mir möglich, im Europaausschuss des französischen Senats das Wort zu ergreifen, um vor diesem Forum einiges zurechtzurücken. Ich war damals der einzige österreichische Funktionär im Ministerrang, der in Frankreich offiziell auftreten durfte. Mein Referat (siehe Anhang) hatte ich mit dem Außenministerium und mit der österreichischen Botschaft Paris abgesprochen.

Ich gliederte meinen Vortrag in zwei Teile. Im ersten Teil stellte ich in meiner Eigenschaft als Präsident des Verfassungsgerichtshofes dessen Judikatur zu neonazistischen Gruppierungen dar, im zweiten Teil sprach ich schlicht als Österreicher. Ich bilde mir nicht ein, mit meiner Aktion das Vaterland gerettet zu haben, aber immerhin zeigte das Referat Wirkung, denn gerade in Frankreich war man ja nicht gut informiert. Das Referat wurde in der Folge auch mehrfach publiziert, darunter in zwei Sammelbänden.

Allmählich begann die Sanktionsfront zu bröckeln, und ein Ausweg wurde gesucht. Im September kamen die »drei

Weisen« nach Österreich. Ich zählte zu den Personen, die angehört wurden. Nach dem Bericht der »Weisen« wurden die »Sanktionen« aufgehoben. Einer der drei Weisen war der Völker- und Staatsrechtler Jochen Frowein, der später ausdrücklich die Rechtswidrigkeit der »Sanktionen« einräumte.

Als der Bericht der »Weisen« veröffentlicht wurde, befand ich mich gerade auf einem offiziellen Besuch in Bulgarien. Im Bericht wurde der damalige Justizminister Dieter Böhmdorfer (FPÖ) wegen eines legislativen Vorhabens kritisiert. Als mich eine Journalistin in Bulgarien anrief und nach meiner Bewertung des Berichts fragte, äußerte ich unter anderem die Meinung, dass Böhmdorfer sich gegenüber dem Nationalrat werde »rechtfertigen« müssen. Das war natürlich nur auf den parlamentarischen Vorgang bezogen und sollte überhaupt kein Werturteil sein. Trotzdem rief mich Böhmdorfer wütend an, um zu fragen, ob er »angepatzt« sei. Eine derartige Absicht war mir vollkommen ferngelegen, immerhin hatte ich die FPÖ in meinem Gespräch mit den »Weisen« gegenüber mehrfachen Vorwürfen ausdrücklich verteidigt. Aber das Misstrauen der FPÖ schien durch meine Stellungnahme dennoch geweckt.

Tatsächlich stellte sich heraus, dass die schwarz-blaue und später schwarz-orange Koalition die Demokratie nicht gefährdet hatte; sie brachte sogar einige fällige Reformen zustande. Missstände gab es, wie man erst wesentlich später erkennen musste, in ganz anderer Hinsicht. Und es kristallisierte sich ein schwerwiegender Konflikt um eine Entscheidung des Verfassungsgerichtshofs heraus, von dem gleich die Rede sein wird.

Ich war eigentlich der Ansicht, dass ich mit meiner Pariser Aktion Unabhängigkeit und Gerechtigkeit gegenüber den freiheitlichen »Recken« gleichermaßen bewiesen hätte, aber ich musste bald erkennen, dass dem nicht so war. Leider enttäuschte mich in diesem Zusammenhang auch Bundeskanzler Wolfgang Schüssel, den ich ob seiner intellektuellen

Qualitäten geschätzt hatte. Aber die »Blauen« waren besonders schlecht auf mich zu sprechen, auch weil es unmittelbar vor der Wiener Gemeinderatswahl vom März 2001 zu einer höchst peinlichen Indiskretion über zwei für die damalige Regierungskoalition unerfreuliche Erkenntnisse des Verfassungsgerichtshofes gekommen war. Die Indiskretion wurde natürlich mir angelastet.

Die beiden Entscheidungen waren für die Regierungskoalition deshalb höchst unangenehm, weil sie aufgrund der Anträge von 63 Abgeordneten der damaligen SPÖ-Opposition im Nationalrat ergingen. Im einen Fall hatte der vorsitzende Zweite Präsident des Nationalrates Thomas Prinzhorn einen Abstimmungsfehler begangen, im anderen war – unter der Verantwortung des Bundeskanzlers – ein unrichtiger Gesetzestext kundgemacht worden. Im Gerichtshof war auf Initiative des Vizepräsidenten besprochen worden, dass die Entscheidungen nicht vor der Gemeinderatswahl ausgefertigt werden sollen.

Dann aber erfolgte die Indiskretion. Solche Indiskretionen hat es in der Geschichte des Gerichtshofes immer wieder gegeben. Umso heftiger waren die Reaktionen sowohl von politischer Seite als auch in den Medien. Dem Gerichtshof wurde das »Timing« der Entscheidungen vorgeworfen. Der Vorwurf war somit ein doppelter, nämlich Indiskretion und Manipulation. Angesichts der großen Zahl möglicher »Täter« (Mitglieder, juristische Mitarbeiter, Kanzleikräfte) ist es so gut wie ausgeschlossen, den wirklich Schuldigen zu finden. Trotzdem wird der Präsident verantwortlich gemacht, weil er ja für die Ordnung im Gerichtshof zu sorgen hat. Unter massivem Druck, insbesondere der »Presse«, sah ich mich gezwungen, an die Staatsanwaltschaft Anzeige wegen Verdachts des Bruches der Amtsverschwiegenheit zu erstatten, andernfalls hätte ich mich selbst dem Vorwurf des Missbrauchs der Amtsgewalt ausgesetzt. Herausgekommen ist natürlich nichts.

Ich war aber so wütend über diesen Vorfall, dass ich die Teilnahme an einer offiziellen Delegationsreise des Gerichtshofes nach Spanien verweigerte, was wiederum bei meinen Kolleginnen und Kollegen Missmut hervorrief.

Im Sommer 2001 rief mich schließlich ein Journalist an und sagte mir, aus Regierungskreisen komme die Parole »Der [Adamovich, Anm.] muss weg!«. Ich erwiderte, das sei zwar sehr interessant, aber als ernannten unabhängigen Richter könne man mich vor Erreichung der Altersgrenze nicht so ohne weiteres loswerden. Immer wieder ist mir bei späteren Ereignissen, auf die ich noch eingehen werde, dieses Telefonat durch den Kopf gegangen.

Der Verfassungsgerichtshof hatte sich mit der Auslegung der Bestimmungen des Staatsvertrages von 1955 über den besonderen Schutz der kroatischen und der slowenischen Volksgruppe zu befassen. Der Art. 7 des Staatsvertrages sieht in Verwaltungs- und Gerichtsbezirken mit kroatischer, slowenischer und gemischter Bevölkerung sowohl die doppelte Amtssprache als auch die Aufstellung von zweisprachigen topographischen Aufschriften und Bezeichnungen vor. Die entscheidende Frage ist, unter welchen Voraussetzungen man es mit einer »gemischten« Bevölkerung zu tun hat. Sensibel sind in dieser Richtung vor allem die zweisprachigen topographischen Aufschriften und Bezeichnungen. Es geht dabei keineswegs darum, dass ein Angehöriger der Minderheit ohne solche nicht wüsste, in welchem Ort er sich befindet, sondern um das bewusste Zeichen: »In diesem Ort lebt eine Minderheit«.

Nun war Südkärnten sowohl nach dem Ersten als auch nach dem Zweiten Weltkrieg umkämpftes Gebiet. Die Nazis haben die Minderheit verfolgt; umgekehrt haben Tito-Partisanen auf Kärntner Gebiet Gewaltakte gesetzt; sie konnten erst durch das Einschreiten der britischen Besatzungsmacht vertrieben werden. Daraus resultiert eine extrem hohe Sensibilität der gesamten Thematik. Durch 17 Jahre hat man nichts unternommen, um die Bestimmungen des Staatsvertrages über die zweisprachigen topographischen Aufschriften und Bezeichnungen umzusetzen. Im Juli 1972, also zur Zeit der sozialdemokratischen Alleinregierung, wurde ziemlich schlagartig ein Bundesgesetz erlassen, das solche Aufschriften und Bezeichnungen in 205 Ortschaften vorsah. Drei Monate später war keine einzige Tafel mehr da; das war der so genannte »Ortstafelsturm«.

Nun musste man sich wohl oder übel auf den Verhandlungsweg begeben, wie ich im Kapitel »Universität Graz« bereits angedeutet habe. Eine »Studienkommission« für Probleme der slowenischen Volksgruppe in Kärnten wurde von der Volksgruppe boykottiert, sodass daneben ein »Kontaktkomitee« mit der slowenischen Volksgruppe eingesetzt wurde. Darin war jedoch die ÖVP nicht vertreten. Nach längerem Hin und Her kam es 1976 zur Erlassung des so genannten »Volksgruppengesetzes«. Dieses sah für die Aufstellung von zweisprachigen topographischen Aufschriften und Bezeichnungen die 25%-Klausel vor. Diese Klausel war der slowenischen Volksgruppe ein Dorn im Auge, weil sie als zu hoch betrachtet wurde.

Daraufhin befassten Angehörige der slowenischen Volksgruppe den Verfassungsgerichtshof mit dem Thema, allerdings auf eine im Effekt sehr problematische Weise, die freilich auf den Eigenheiten der Verfassungsgerichtsbarkeit beruht. Die österreichische Bundesverfassung gibt nämlich dem Einzelnen grundsätzlich nicht das Recht, ein Gesetz direkt beim Verfassungsgerichtshof zu bekämpfen. In aller Regel muss jemand, der sich durch die Verfassungswidrigkeit betroffen sieht, einen auf dieses Gesetz gestützten Verwaltungsakt beim Verfassungsgerichtshof bekämpfen. Dieser ist dann verpflichtet, wenn er die verfassungsrechtlichen Bedenken teilt, von Amts wegen in die Prüfung der Verfassungsmäßigkeit der betreffenden gesetzlichen Regelung einzutreten.

So geschah es 2001 auch im Fall der 25%-Klausel. Der Verfassungsgerichtshof prüfte von Amts wegen diese gesetzliche Klausel und äußerte in seinem Einleitungsbeschluss Zweifel, ob sie der einschlägigen Verfassungsbestimmung des Staatsvertrages von 1955 entspreche. Schon Ende 2000 hatte der Verfassungsgerichtshof eine für die Volksgruppen wesentliche Entscheidung getroffen; es ging um die doppelte Amtssprache gemäß dem Staatsvertrag. Damals wurde ein Prozentsatz von 10 und darüber in der Gemeinde für maßgebend erachtet. Es stellte sich nun die Frage, inwieweit diese Aussagen auf die topographischen Aufschriften und Bezeichnungen zu übertragen seien.

Anfang 2001 hatte mich der stellvertretende Landesamtsdirektor von Kärnten zu einer Besprechung zum Thema »Amtssprache« eingeladen. Dieser Einladung war ich nicht gefolgt, weil ein Präsident des Verfassungsgerichtshofes nichts bei einer Verwaltungsbesprechung über eine bereits entschiedene Sache verloren hat.

Im August 2001 besuchte mich Landeshauptmann Haider im Verfassungsgerichtshof und gab seiner Beunruhigung über den Prüfungsbeschluss des Verfassungsgerichtshofes betreffend die zweisprachigen topographischen Aufschriften und Bezeichnungen Ausdruck. Ich nahm davon Kenntnis, aber es musste jedem klar sein, dass nicht ich die Sache zu entscheiden hatte, sondern der Gerichtshof als Kollegium.

Am 6. November 2001 war der slowenische Staatspräsident Milan Kučan auf offiziellem Besuch in Wien. Ich wurde zu einem Vieraugengespräch eingeladen, bei dem aber der Staatspräsident in keiner Weise auf das laufende Verfahren Einfluss nahm. Aus meiner Sicht handelte es sich um nichts anderes als eine Geste des Respekts.

Am 13. Dezember 2001 verkündete der Verfassungsgerichtshof seine Entscheidung in der Frage der zweisprachigen topographischen Aufschriften und Bezeichnungen.

Auch hierfür hielt er die 10% und darüber für maßgebend und hob die in Prüfung gezogenen Bestimmungen auf.

Am 14. Dezember erklärte Landeshauptmann Haider im Mittagsjournal, ich hätte das Gespräch mit »der Kärntner Landesregierung« verweigert und mich statt dessen mit dem slowenischen Staatspräsidenten getroffen. Es gehörte zum Stil des Landeshauptmannes, sachliche Auseinandersetzungen zu personalisieren, weil dies für die Bevölkerung leichter fassbar ist als abstrakte Konflikte.

Mir aber platzte der Kragen, denn der Vorsitzende der Kärntner Landesregierung, der Landeshauptmann, war ja selbst bei mir gewesen, um über das Verfahren zu sprechen und vor einer stattgebenden Entscheidung zu warnen. Ich war so wütend, dass ich nicht umhin konnte, den Landeshauptmann der Lüge zu zeihen. Die Folge war eine mehr als heftige öffentliche Auseinandersetzung mit an mich gerichteter Rücktrittsaufforderung und dergleichen mehr.

Noch am 14. Dezember hatte ich Kontakt mit Bundeskanzler Schüssel gesucht, der sich gerade im Ausland befand. Ich erhielt den Termin für 17. Dezember und habe dies auch der Presse mitgeteilt.

Von Wolfgang Schüssel erwartete ich mir eine Unterstützung in dem laufenden Konflikt. Umso erstaunter war ich, dass Schüssel mich mit einem Angriff empfing: Wie ich dazu komme, den Termin der Öffentlichkeit mitzuteilen? Im weiteren Gespräch ließ er auch keinen Zweifel darüber, was er von der Entscheidung des Gerichtshofes hielt. Zur Ehre von Wolfgang Schüssel sei festgehalten, dass er sich zum Ende seiner Amtszeit sehr um eine Kompromisslösung für die leidige Thematik bemüht hat. Seine Meinung über die Entscheidung selbst hat er allerdings nicht geändert, wie ich aus verlässlicher Quelle erfahren habe.

Für mich war unser damaliges Zusammentreffen eine niederschmetternde Erfahrung, vor allem unter dem Aspekt meiner Bemühungen im Zusammenhang mit den Sanktionen. Aber mein Engagement schien längst vergessen.

Die Angriffe von Seiten Jörg Haiders hörten nicht auf; öffentlich zog Haider meine moralische Qualifikation für das Amt, das ich innehatte, in Zweifel. Die Auseinandersetzung fiel ins vorletzte Jahr meiner Amtstätigkeit, ich hätte mich in Ruhe zurücklehnen und die Angriffe abprallen lassen können. Aber das widersprach meinem Gerechtigkeitsgefühl. Nach einem »Morgenjournal« im ORF forderte ich Jörg Haider öffentlich auf, den gesetzlichen Tatbestand zu nennen, der dafür spräche, meines Amtes verlustig zu gehen. Er tat mir den Gefallen und nannte den Tatbestand. Gemäß § 10 Abs 1 lit. c Verfassungsgerichtshofgesetz ist ein Mitglied des Verfassungsgerichtshofes von dessen Plenum vom Amt zu entheben, wenn es sich durch sein Verhalten in oder außer dem Amte der Achtung und des Vertrauens, die sein Amt erfordert, unwürdig gezeigt oder die Verpflichtung zur Amtsverschwiegenheit gröblich verletzt hat. Auf diesen Tatbestand bezog sich Jörg Haider.

In einem solchen Fall hat der Gerichtshof zunächst darüber zu befinden, ob ein Verfahren zur Amtsenthebung überhaupt eingeleitet werden soll; in den Pressekommentaren ist dies mehrfach übersehen worden, wie die folgenden wörtlichen Zitate beweisen:

Unter der Überschrift »Richter Adam« konnte man in der »Kärntner Kleinen Zeitung« vom 21. Dezember 2001 lesen:

> *»Welcher dunkle Selbstbeschädigungstrieb mag den untadeligen Gerichtshofpräsidenten bewogen haben, derart ungeschützt Wirkung zu zeigen und ein Demontageverfahren gegen sich selbst einzuleiten? Jörg Haider hat den Verfassungshüter auf das Übelste angeklafft und Ludwig Adamovich antwortete mit einer taktischen Todsünde: Er stieg zu ihm in den Zwinger.*

Jetzt macht Haider anschaulich, was er meint, wenn er sagt, jemanden ›vor sich herzutreiben‹. Erschreckend unbedarft ging der Richter in die Falle. Anstatt im Wissen um die polemische Potenz des Aggressors Abstand zu wahren, bückte sich Adamovich nach dem Fehdehandschuh und verlor im Infight seine Souveränität. In keinem Punkt bestand Rechtfertigungseile: Zumal er selbst gar nicht am Urteil mitwirkte, ist es unerheblich, mit wem und worüber Adamovich irgendwann im Sommer gesprochen hat. Und wenn man sich schon verteidigt, dann bitte nicht so inkonsistent wie Adamovich, der Haider erst der Lüge zieh und tags darauf von ›Missverständnissen‹ sprach.

Jetzt steht der 69-Jährige, ohne sich etwas zuschulden kommen zu lassen, da wie der Dorfrichter Adam. Es ist die Tragödie eines Unpolitischen. Von wegen politischer Gerichtshof!«

Zwischenbemerkung des Autors: Es war eben kein »Demontageverfahren«, weil mir klar war, dass die Sache nur zu meinen Gunsten ausgehen konnte.

Unter der Überschrift »Unwürdig« stand in der »Presse« vom 30. Dezember 2001:

»Ludwig Adamovich wird Präsident des Verfassungsgerichtshofes bleiben. Soviel steht schon vor der eigentlichen Einleitung des Amtsenthebungsverfahrens fest. Doch wird auch ein förmlicher ›Freispruch‹ durch den VfGH Adamovich nicht aus der Schusslinie seiner Kritiker bringen. Jörg Haider, und mit ihm die Gegner der Ortstafel-Entscheidung, haben ihre Interpretation schon parat, die da lautet: Krähen und Verfassungsrichter hacken einander kein Auge aus. Und schon ist ein Beweis mehr für die ›politische Abhängigkeit‹ des Höchstgerichts gefunden. Das hätte Adamovich voraussehen müssen, als er, gekränkt durch die unglaublichen Angriffe Haiders, ein Verfahren gegen sich anregte. Denn wer, wenn nicht ein allseits anerkannter Höchstrichter ein Jahr vor seiner Pensionierung, hätte gelassen auf die Anwürfe reagieren können? So gibt es zwar

weit und breit kein ›unwürdiges Verhalten‹, dafür aber ein höchst überflüssiges Verfahren.«

Unter der Überschrift »Das System Haider« stand in der »Presse« vom 4. Januar 2002:

> *»Jörg Haider, der alternde Polit-Entertainer, klingt zwar schon etwas schrill bei seinen Auftritten auf der Kärntner Provinzbühne. Aber er ist noch immer ein Meister des Timings. Seine absonderliche Weisung, die Namen slowenischer Städte auf den Autobahnhinweisschildern im Kärntnerland nur noch in eingedeutschter Form anzubringen, hat ganz offensichtlich ein einziges Ziel: Sie soll die Kollegen Ludwig Adamovichs dazu motivieren, das von diesem selbst geforderte Amtsenthebungsverfahren – sozusagen als ›Exempel‹ – tatsächlich durchzuziehen. Haider muß nämlich befürchten, daß das Kollektiv der Verfassungsrichter vernünftiger agiert als sein sensibler Präsident und dem Eventkaiser von Minimundus die Dauershow eines solchen Verfahrens nicht gönnen will.« … »Daß Ludwig Adamovich sich von Haiders Anschuldigungen in die Empörungsfalle hat locken lassen, hat den Verfassungsgerichtshof ohnehin schon in eine ungute Lage gebracht: Findet das Verfahren nicht statt, wird Haider ätzen, die Richter hätten ihrem Chef in alter Kumpanei die Mauer gemacht. Findet es statt, hat er, was er will: Die Show geht weiter.«*

Das hört sich so an, als hätte ich mir ein Disziplinarverfahren gewünscht. Der auffallende Gleichklang dieser – weitgehend von unzutreffenden Voraussetzungen ausgehenden – Kommentare gibt zu denken. Man muss sich fragen, ob hier nicht von irgendeiner Seite Regie geführt worden ist.

Noch einmal sei hier festgehalten: Der Verfassungsgerichtshof hatte ausschließlich über die Frage zu entscheiden, ob ein Disziplinarverfahren überhaupt einzuleiten sei, keineswegs aber hatte er beim bestehenden Stand der Dinge bereits inhaltlich in ein solches Verfahren einzutreten. Der Beschluss ist in nichtöffentlicher Sitzung nach Anhörung des Generalprokurators zu fassen. Letzteres war mir sehr wichtig, denn der Generalprokurator steht ja außerhalb des Verfassungsgerichtshofs.

Ich ersuchte nun den Vizepräsidenten Karl Korinek um die nötigen Schritte. Am 5. Januar 2002 fasste der Gerichtshof den Beschluss (siehe Anhang), dass kein Verfahren einzuleiten sei.

Der Gerichtshof hat nichts anderes getan, als auf die Stellungnahme des Generalprokurators zu verweisen. Diese hatte alles Notwendige behandelt.

Richtig war natürlich die Vermutung, Haider werde auch nach Vorliegen des Beschlusses des Verfassungsgerichtshofes nicht ruhig bleiben. Er ließ sich erwartungsgemäß etwas Neues einfallen und kündigte eine Prüfung an, ob nicht die Entscheidung des Verfassungsgerichtshofes zur Ortstafelfrage »absolut nichtig« sei. Nun ist hier nicht der Ort, grundsätzliche Betrachtungen über das Phänomen der absoluten Nichtigkeit von Rechtsakten anzustellen. Das Wesen der absoluten Nichtigkeit besteht darin, dass ein rechtlich nicht bekämpfbarer Staatsakt grob fehlerhaft ist. Daraus folgt, dass es kein spezifisches Staatsorgan geben kann, das eine solche Nichtigkeit festzustellen hat, sonst handelte es sich ja um einen bekämpfbaren Akt. Behaupten kann eine solche absolute Nichtigkeit jeder. Aber ein Politiker muss wissen, dass er mit dem Feuer spielt, wenn er der Entscheidung eines Höchstgerichts absolute Nichtigkeit unterstellt, weil dies die Öffentlichkeit massiv verunsichern muss.

Schließlich bezeichnete Haider in der »Pressestunde« vom 27. Januar 2002 den Verfassungsgerichtshof als »politisch korrumpiert«. Wenn der Bericht im »Falter« vom 8. März 2002 zutrifft, nannte er mich bei einer FPÖ-Veranstaltung in Ferlach einen falschen »Fuffziger« . Mit Sicherheit hat er in seiner »Aschermittwochrede« im Februar gesagt, wenn jemand Adamovich heiße, müsse man sich die Frage stellen, ob dieser überhaupt eine Aufenthaltsbewilligung habe.

Vor allem diese letzte Äußerung veranlasste den Gerichtshof am 27. Februar 2002 zu der folgenden Erklärung:

»Eine Entscheidung des Verfassungsgerichtshofes vom Dezember vorigen Jahres hat dazu geführt, dass dieser in verschiedener Weise Gegenstand (polemischer) politischer Diskussionen und von Angriffen wurde, die zuletzt in einem rassistisch wirkenden ›Scherz‹ über den Familiennamen des Präsidenten des Verfassungsgerichtshofes gipfelten.

Die strafrechtliche Beurteilung dieser Vorgänge ist – soweit der Schutz des Gerichtshofes als Institution in Rede steht – in erster Linie Aufgabe der staatsanwaltschaftlichen Behörden unter der politischen und rechtlichen Verantwortung des Bundesministers für Justiz und nicht des Verfassungsgerichtshofes selbst.

Es ist nicht Sache des Verfassungsgerichtshofes, in politische Auseinandersetzungen einzutreten, vielmehr hat er seine verfassungsrechtlich geregelten Aufgaben – darunter auch die Prüfung von Gesetzen auf ihre Verfassungsmäßigkeit – wahrzunehmen. Der Verfassungsgerichtshof wird unbeeinflusst von – wesentliche Elemente des Rechtsstaates in Frage stellenden – Angriffen seine Aufgaben so wie bisher objektiv und unparteiisch wahrnehmen.«

Die Universität Wien gab folgende Erklärung ab:

»Der Rektor und der Vorsitzende des Senats der Universität Wien weisen die wiederholten Ehrenbeleidigungen von Dr. Jörg Haider, Landeshauptmann von Kärnten, gegen den Präsidenten des Verfassungsgerichtshofes, Univ.-Prof. Dr. Ludwig Adamovich, der auch Vorsitzender des Universitätsbeirates der Universität Wien ist, entschieden zurück. Die Universität Wien ist von der xenophoben Stimmungsmache, die von Dr. Haider während einer Parteiveranstaltung am Aschermittwoch im Zusammenhang mit dem Namen von Präsidenten Adamovich betrieben wurde, äußerst betroffen. In ihrem Leitbild tritt die Universität Wien für Offenheit und Toleranz in der Gesellschaft ein.

Die Universität Wien bedauert zutiefst, dass von Dr. Haider, einem Absolventen der Alma Mater Rudolphina Vindobonesis, derartige Angriffe erfolgen. Seine Promotion an der Universität Wien am 20. Dezember 1973 zum Doktor der Rechte sollte Dr. Jörg Haider daran erinnern, dass die Absolventen die ethische Verpflichtung der Promotionsformel zu beachten haben: ›Das Recht zu wahren‹.

Trotz unterschiedlicher Auffassungen in Sachfragen verpflichten sich alle Absolventen, Auseinandersetzungen auf einem ihrer akademischen Ausbildung entsprechenden Niveau zu führen.«

Der Verfassungsgerichtshof hat nach dem Gesetz dem Bundeskanzler jährlich einen Bericht über seine Tätigkeit im abgelaufenen Jahr zu erstatten. Der Entwurf dieses Berichts wird vom Präsidenten dem Plenum vorgelegt und dort regelmäßig mehr oder weniger abgeändert und ergänzt. Die Annahme ist verfehlt, dass es sich um einen Bericht des Präsidenten selbst handelt. Vor allem Formulierungsfragen werden im Plenum ausführlich diskutiert.

Im Bericht des Verfassungsgerichtshofes über seine Tätigkeit im Jahre 2001, vom Plenum beschlossen am 15. März 2002, heißt es wörtlich:

»Der Verfassungsgerichtshof sieht sich aus Anlass dieses Tätigkeitsberichts nicht veranlasst, auf alle zum Teil gehässigen, zum Teil unsinnigen Behauptungen über sein angebliches Fehlverhalten im Zusammenhang mit dem Erkenntnis G 213/01 ua. zum Volksgruppengesetz neuerlich Stellung zu beziehen. Wesentlich sind aber die folgenden Punkte:

- *Der Vorwurf gezielt politischen und juristisch fehlerhaften Handelns wurde auch in der Vergangenheit von verschiedenen politischen Gruppierungen unberechtigterweise erhoben. Neu ist aber die Wortwahl, die über den Bereich der sachlichen Kritik bei Weitem hinausging und in offene, auch persönliche Beleidigung mündete. Neu sind auch polemische Behauptungen zur Entscheidungs-*

findung und zum Verfahren, die nicht unwidersprochen bleiben können.

- *Der äußerst subtile Begriff der ›absoluten Nichtigkeit‹ wurde grob missbraucht. Die Auffassung, ein politisch inopportuner Akt des Verfassungsgerichtshofes sei absolut nichtig, wenn sich nur ein Gutachter finden lässt, der den Akt für rechtlich verfehlt hält, bedeutet aber nicht nur einen ›Fußtritt für den Rechtsstaat‹, sondern könnte genauso gut auch als Theorie für einen Staatsstreich dienen.*
- *Der Geschäftsgang, insbesondere die Terminwahl, in Verfahren vor dem Verfassungsgerichtshof fällt in den Bereich der richterlichen Unabhängigkeit. Die Terminwahl wird auch von zahlreichen Faktoren bestimmt, auf die der mit der Vorbereitung der Sache befasste Richter nur bedingt Einfluss hat, so etwa von der Notwendigkeit, die Äußerung einer Regierung einzuholen oder eine Entscheidung des Gerichtshofes der Europäischen Gemeinschaften abzuwarten. Mitgliedern des Verfassungsgerichtshofes – teils mit, teils ohne Namensnennung – in diesem Zusammenhang parteiliche Motive zu unterstellen, zeigt grobe Unkenntnis der Geschäftsabläufe und ist zu missbilligen.*
- *Der Gerichtshof wurde von einem Staatsorgan als ›politisch korrumpiert‹ bezeichnet und angesichts seiner Zusammensetzung seine Unabhängigkeit offen in Zweifel gezogen. Die Mitglieder des Verfassungsgerichtshofes werden entsprechend der von der Bundesverfassung in der Fassung der B-VG-Novelle 1929 getroffenen Regelung im Zusammenwirken von Parlament, Regierung und Bundespräsident ins Amt berufen, also von obersten Organen, womit die demokratische Legitimität der Tätigkeit der Richter gewährleistet ist. Diese Organe mögen bei ihren Überlegungen auch politische Momente in Betracht ziehen. Daraus aber den Schluss zu ziehen, dass sich die einzelnen Mitglieder bei Ausübung der Recht-*

sprechung den nominierenden Organen mehr verbunden fühlen als sachlichen Erwägungen, stellt die Funktion des Verfassungsgerichtshofes als rechtsstaatliches Kontrollorgan offen in Frage. Bei allen vergleichbaren ausländischen Verfassungsgerichten wird in ähnlicher Weise die Bestellung durch hohe demokratisch legitimierte Organe vorgenommen. Im Gegensatz zum österreichischen Verfassungsgerichtshof ist es bei manchen Gerichten sogar üblich, ehemalige Regierungsmitglieder und Abgeordnete zu Richtern zu bestellen, ohne dass deshalb die Unabhängigkeit der Richter bezweifelt wird.«

Dieser Tätigkeitsbericht wurde natürlich selbst Zielscheibe der Kritik von Seiten der FPÖ, aber auch der Klubobmann der ÖVP Andreas Khol warf sich in die Schlacht. Der Tätigkeitsbericht des Verfassungsgerichtshofes sei kein Richterbericht, er sei ausschließlich Politik. Der Präsident habe unnötig dramatisiert. Dies sei nach dem Ortstafelerkenntnis und der nachfolgenden Diskussion bereits die zweite unnötige Dramatisierung in dieser Causa.

Es war also nach der Meinung von Andreas Khol auch schon eine »unnötige Dramatisierung«, wenn ich mich gegen die unqualifizierten Vorwürfe von Haider wegen der Ortstafelentscheidung zur Wehr gesetzt habe. Zum Liebling der ÖVP war ich also seit meinem Amtsantritt nicht geworden. Völlig vergessen auch, wie schon erwähnt, war meine Intervention in Paris zur Zeit der »Sanktionen«. Aber die FPÖ war ja damals Koalitionspartner der ÖVP.

Man kann nun sehr darüber streiten, ob es klug und angebracht war, eine solche gerichtliche Aktivität in eigener Sache überhaupt in Gang zu setzen. Aus meiner Sicht war es aber die Konsequenz aus der Personalisierung einer Entscheidung, die nicht der Präsident, sondern der Gerichtshof getroffen hatte. Aus den von mir bereits erwähnten Gründen ist es leichter und Erfolg versprechender, eine Einzelperson zu prügeln als ein Kollektiv. Dann muss es aber der Ein-

Der Autor mit fünf Jahren (Foto privat)

Dritte Klasse Volksschule; der Autor Zweiter von links stehend (Foto privat)

Die Mutter als Mädchen (Foto privat)

Der Vater als Offizier im Ersten Weltkrieg (Foto privat)

Der Vater als Rektor der Universität Wien (Foto © Atelier Frankenstein)

Der Verfassungsdienst Ende 1956. Von links nach rechts: Pahr, Adamovich, Ermacora, Loebenstein, Weiler, Klecatsky (Foto privat)

Der Autor 1957 (Foto privat)

Angelobung als Präsident des Verfassungsgerichtshofes durch Bundespräsident Rudolf Kirchschläger (Foto © Die Presse)

Der Präsident des Verfassungsgerichtshofes (Foto privat)

Ordensverleihung durch Bundespräsident Kurt Waldheim (Foto © Haslinger)

In Paris 2000 mit Robert Badinter (Foto © Senat der französischen Republik)

Das Beratungszimmer des Verfassungsgerichthofes (Foto privat)

Der Verfassungsgerichtshof 2002 (Foto privat)

Im Hochgebirge (Foto privat)

Mit Bundespräsident Heinz Fischer beim 75. Geburtstag (Foto privat)

Eheschließung am 6. April 2011 in Innsbruck (Foto Hofer, Innsbruck)

zelperson auch erlaubt sein, sich zu wehren. Was man mir in dieser Sache alles über die Medien ausrichten ließ, man beachte nur die vorstehenden Zitate, war vielfach mehr als grob und auch geeignet, alte Wunden wieder aufzureißen. Ich sah mich weiterhin in der Position der »controversial person«, die keinen wirklichen Machtfaktor hinter sich hat.

Bei dem vorhin erwähnten Gespräch mit Kanzler Schüssel hatte ich diesen gefragt, ob er meinen Rücktritt erwarte. Der Bundeskanzler ließ die Frage ohne Antwort. Das ist wohl deutlich genug, ging es ja nur um ein Jahr. Und so sah ich mich am Schluss meiner Amtstätigkeit gewissermaßen in die Startposition zurückversetzt. In der Zwischenzeit hatte ich mir innen und außen doch ein gewisses Ansehen erworben. Aber wenn ich die Pressekommentare rund um den »Ortstafelkonflikt« und mein Ausscheiden aus dem Gerichtshof ein Jahr später betrachte, muss ich feststellen, dass mein seinerzeitiger Parteiaustritt immer noch von hohem Interesse war.

Zu den schlimmsten Entwicklungen im österreichischen öffentlichen Leben gehört es ja, dass jeder Rückzug aus einem politischen Lager unweigerlich als Positionswechsel zugunsten eines anderen Lagers betrachtet wird. Nun gut: Mein großer Förderer war nun einmal Bruno Kreisky, aber das hatte nichts mit weltanschaulichem Positionswechsel zu tun.

Man darf es mir also nicht verargen, wenn sich in mir derartige Überzeugungen festigten. Der Wahrheit halber sei festgehalten, dass mein Nachfolger Karl Korinek wenige Jahre später ebenso in die Schusslinie Jörg Haiders geriet wie ich vor ihm.

Überhaupt warf das Ortstafeldrama ein äußerst schlechtes Licht auf das österreichische Rechtsstaatsverständnis. War es kindische Gekränktheit, die mich veranlasste, mich so zu wehren, war es Eitelkeit? Habe ich meine »staatsmännische« Funktion überschätzt und mich zu »wichtig« genommen? Ich selber kann nicht darüber urteilen, ich kann nur meine

– naturgemäß subjektive – Gefühlslage wiedergeben. So ist mir auch der Abschied vom Gerichtshof nicht allzu schwer gefallen.

Die Angelegenheit lädt dazu ein, sich mit dem Thema »Verfassungsgerichtsbarkeit und Politik« zu beschäftigen. Darüber sind – wenn schon nicht Bibliotheken – so jedenfalls Regale voll geschrieben worden. Man muss hier zwei sehr wichtige Vorbemerkungen machen.

Wir haben uns in unserem pluralistischen Parteienstaat daran gewöhnt, unter Politik Parteipolitik zu verstehen; unter dem Aspekt der heutigen Gegebenheiten durchaus verständlich, aber nicht selbstverständlich. Und zweitens kann jedes Gericht – nicht nur ein Verfassungsgericht – plötzlich in das Scheinwerferlicht dieser Politik geraten, vor allem in Strafsachen, aber auch in Zivilsachen. Das kann dort passieren, bei der Verfassungsgerichtsbarkeit ist es wegen der besonderen Kompetenzen gewissermaßen das tägliche Brot.

Extrem intensiv greifen natürlich Entscheidungen in Wahlsachen in die Tagespolitik ein. Der Gerichtshof bedient sich hier in ständiger Judikatur einer sehr formalen Betrachtungsweise, nur so kann er sich aus dem Vorwurf der Parteilichkeit heraushalten. Natürlich sind Entscheidungen in einem Amtsenthebungsverfahren von größter politischer Relevanz, aber das gilt auch für die meisten Gesetzesprüfungsverfahren. Hier stellt sich das Problem des Interpretationsspielraumes, und zwar sowohl für den Gesetzgeber als auch für den Verfassungsgerichtshof selbst. Es besteht solcherart eine beträchtliche Bandbreite. Und es kann Entscheidungen geben, die politisch größte Brisanz haben, aber sich auf eine breite Vorjudikatur berufen können. Schließlich kann es Entscheidungen geben, die politisch nicht besonders interessant, aber juristisch höchst umstritten sind. Und natürlich kann es Mischformen geben.

Die Thematik leitet über zu einer ebenfalls sehr sensiblen Fragestellung, nämlich zur Auswahl der Richter des Verfassungsgerichtshofes. Den idealen Bestellungsmodus gibt es nicht, Politik spielt immer eine gewisse Rolle. Das entscheidende Moment liegt nicht darin, wie man zum Amt des Verfassungsrichters gelangt, sondern es liegt darin, wie man sich nach der Bestellung verhält: Ob man als Marionette eines Parteisekretariats agiert oder nach freier Überzeugung. Ein gewisses Maß an Subjektivität ist hier sicher zulässig, aber das ist eine Frage des nicht mit mathematischen Mitteln erfassbaren Grades. Jedenfalls – das wurde schon gesagt – muss man seine subjektive Sicht juristisch begründen können. Einen argen Mangel stellt es natürlich dar, wenn namhafte Fachleute gar nicht in den Gerichtshof kommen, weil ihnen parteipolitische Unterstützung fehlt, sie daher als »unberechenbar« gelten. Ich will hier keine Namen nennen, aber solche Fälle hat es leider gegeben. Andererseits haben die vermuteter Weise »Berechenbaren« sich in ihrem Abstimmungsverhalten immer wieder als nicht berechenbar herausgestellt. Beispiele zu nennen verbietet mir das Gerichtsgeheimnis.

Die Ortstafelfrage war primär keine parteipolitische Angelegenheit, sie wurde von Jörg Haider dazu gemacht. Aber aus welchen Gründen immer wurde Jörg Haider von juristischen Experten unterstützt, die die Entscheidung für rechtlich unhaltbar, ja sogar für absolut nichtig erklärten. Es war mir ziemlich klar, um wen es sich handelte. Die vorgebrachten Argumente waren nach meiner Überzeugung unrichtig. Aber freilich waren die 10% nicht gottgegeben, man hätte genauso gut von einem etwas höheren Prozentsatz ausgehen können. In solchen Fällen gibt es eben einen richterlichen Spielraum. Wenn man das nicht will, muss man sich von der Verfassungsgerichtsbarkeit überhaupt verabschieden.

Am 24. April 2011 kam es über die Frage der topographischen Aufschriften und Bezeichnungen zu einem historischen Kompromiss, dem sowohl der Bund, vertreten durch Staatssekretär Josef Ostermayer, als auch der Landeshauptmann von Kärnten Gerhard Dörfler und die Vertreter der drei slowenischen Organisationen zustimmten.

Der im Bundesverfassungsgesetz vom 6. Juli 2011 festgehaltene historische Kompromiss sieht zweisprachige topographische Aufschriften und Bezeichnungen in 164 Ortschaften in Kärnten vor. Darunter sind auch alle Ortschaften, für die der Verfassungsgerichtshof bereits eine positive Entscheidung getroffen hatte. Das muss man anerkennend vermerken. Die Regelung betrifft auch die doppelte Amtssprache. Hier findet sich eine problematische Bestimmung, weil diese in zwei Gemeinden nur den Bewohnern bestimmter Ortschaften zuerkannt wird.

Manche Slowenenvertreter sind mit der getroffenen Regelung nicht glücklich, und man kann sicher einiges daran aussetzen. Den Wert der Regelung erkennt man erst dann, wenn man die endlose Vorgeschichte und den hohen Grad von Emotionalität in Betracht zieht, mit der die Angelegenheit bisher behandelt wurde. Die Vorgeschichte verlief in Form einer Fieberkurve, die von der Kärntner Bevölkerung nicht verstanden wurde. Dazu kommt noch, dass die Polarität Wien – Kärnten von der Politik immer wieder künstlich geschürt wurde, wofür sich die nicht sehr transparente Kompetenzverteilung zwischen Bund und Land zwanglos anbot. Vielfältige Bemühungen (vor allem der Bundeskanzler Schüssel und Gusenbauer) zu einem Kompromiss sind unternommen worden. Zwei Mal schon war man einem solchen sehr nahe; in beiden Fällen fand sich im letzten Moment eine Kraft, die nicht zustimmte. Immer wieder wurde von politischer Seite die Parole ausgegeben, man brauche überhaupt keine zusätzlichen zweisprachigen Ortstafeln in Kärnten.

So betrachtet, muss man die energische Initiative des den Kärntner Freiheitlichen angehörenden Landeshauptmannes Gerhard Dörfler hoch schätzen, der konsequent auf eine Lösung des Konflikts hinarbeitete. Staatssekretär Josef Ostermayer war ein kongenialer Partner. Vor allem scheint es gelungen zu sein, die Stimmung in der Kärntner Bevölkerung und auch bei den Bürgermeistern des zweisprachigen Gebiets entscheidend zu verbessern. Nach dem Zustandekommen des Bundesverfassungsgesetzes vom 6. Juli 2011 gab es Feierlichkeiten. Spät aber doch hat sich die Einsicht durchgesetzt, dass Mehrheitsbevölkerung und Minderheitsbevölkerung zusammen die Kärntner Bevölkerung ausmachen. Es kam sogar so etwas wie Euphorie zustande.

Ein Wort sei noch gesagt zur Informationspolitik des Verfassungsgerichtshofes, ebenfalls ein sehr heikles Thema. Als ich kam, bestand sie in sehr seltenen Presseaussendungen und informellen Kontakten einzelner Mitglieder mit einzelnen Printmedien. Ich habe die Informationspolitik dann erweitert, aber erst nach meinem Abgang gab es einen professionellen Pressereferenten, regelmäßige Pressekonferenzen und unregelmäßig stattfindende Interviews. So wie das auf internationaler Ebene durchaus üblich ist. Mir hat man allerdings damals meine sehr bescheidene Informationstätigkeit schon übel genommen. Intern verhielten sich vor allem Kollegen dazu kritisch, die aus der Justiz und der Anwaltschaft kamen. Es herrschte dabei die Vorstellung, dass ein Gericht seine eigenen Entscheidungen nicht zu kommentieren habe. Das ist gewiss richtig, doch unterscheidet sich ein Verfassungsgericht von seinem Aufgabenbereich her von den anderen Gerichten. Außerdem hatte man ja andere Wege zur Information der Öffentlichkeit gefunden. Der heute bestehende Zustand mit einem hauptberuflichen Pressesprecher zeigt, dass es auch anders geht.

In den letzten Wochen meiner Amtstätigkeit war ich intensiv mit dem Unterschreiben von Entscheidungsausfertigungen beschäftigt, eine mühsame Sache, wenn man sie ernsthaft betreibt. In der überwiegenden Mehrheit der Fälle wird eine Entscheidung nicht bis zum letzten Punkt und Beistrich vom Gerichtshof beschlossen, sondern der Referent sagt bestimmte Änderungen zu, und der Gerichtshof beschließt dann unter der Voraussetzung, dass diese Änderungen durchgeführt werden. Aufgabe des den Vorsitz führenden Präsidenten ist es, anhand der Protokolle zu prüfen, ob der Ausfertigungsentwurf den gegebenen Zusagen entspricht.

In der ersten Woche des Jahres 2003 war ich gemeinsam mit meiner heutigen Ehefrau damit beschäftigt, mein Zimmer auszuräumen; ebenfalls eine sehr mühsame Sache.

Es ist natürlich sehr problematisch, wenn man aus sehr intensiver Tätigkeit heraus plötzlich in ein Loch stürzt. Ein Übergang wäre in solchen Fällen sehr empfehlenswert, aber den hat es nicht gegeben.

7 *Pension*

So war ich also mit Ablauf des 31. Dezember 2002 Pensionist. Mit der Ernennung des Vizepräsidenten Karl Korinek zu meinem Nachfolger war der Zustand hergestellt, der nach den Vorstellungen bestimmter politischer Kreise schon mit 1. Januar 1984 hätte eintreten sollen. Ohne Zweifel war Karl Korinek ein hervorragend ausgewiesener und als Vizepräsident der naheliegende Nachfolger. Mich hat seine Ernennung von einer persönlichen Belastung befreit. Insgesamt sind meine Erinnerungen an die 19 Jahre währende Präsidentschaft »durchwachsen«. Jedenfalls verdanke ich dem Gerichtshof meine heutige Ehefrau, und insgesamt gesehen ist es eine positive Bilanz.

Anfang 2003 fand das Begräbnis der langjährigen Sekretärin meines Vaters statt, in einem Winkel des Zentralfriedhofs. Es war ein windiger und kalter Wintertag, den man als symbolträchtig bezeichnen mag. Ich war nun Privatmann und ohne jede »Infrastruktur«. Das Schlechteste, was man in einem solchen Fall tun kann, ist, sich am früheren Arbeitsplatz blicken zu lassen. Ich tat dies nur, wenn es sich gar nicht vermeiden ließ. Doch blieb mir das Gefühl, dass ich noch etwas zu sagen hätte.

Im Frühjahr 2003 gab es auf politischer Ebene Konsens darüber, dass man eine breite Verfassungsdiskussion einleiten sollte. Man rief einen »Verfassungskonvent« ins Leben, in dem sämtliche höheren Staatsorgane, Interessenvertretungen und Experten ad personam vertreten waren, insgesamt 70 Mitglieder. Ich hätte mir auf Basis meiner umfangreichen Erfahrung erhofft, als Experte berufen zu werden, aber das geschah nicht, obwohl Heinz Fischer sich für mich eingesetzt hatte. Offenbar war ich zu alt oder zu unberechenbar oder sonst nicht geeignet. Auch hier spielte Parteipolitik wohl eine beträchtliche Rolle. Einem unabhängigen Experten glaubt man entweder die Unabhängigkeit nicht oder man kann ihn nicht brauchen.

In dieser Situation trat der Holzhausen-Verlag mit dem Angebot an mich heran, ein allgemein verständliches Buch zum Thema »Verfassungsreform« zu schreiben. Ich machte gerne von dem Angebot Gebrauch und schrieb ein Buch mit dem Titel »Eine neue Republik? Gedanken zur Verfassungsreform.« Ich wollte damit nicht nur eigene Gedanken einbringen, sondern auch überhaupt eine Einführung in verfassungsrechtliche Fragen und den Zugang zu ihnen geben und erntete damit von den – nicht sehr zahlreichen – Lesern beachtliches Lob. Allerdings hat mir diese Arbeit auch gezeigt, dass der durchschnittliche Österreicher sich für eine seriöse Behandlung von Verfassungsfragen herzlich wenig interessiert. Umgekehrt fand das Buch in der rein wissenschaftlichen Literatur, auch in Lehrbüchern, die das Thema »Verfassungsreform« behandelten, keinen Niederschlag. Ich habe darin nicht mit (konstruktiver) Kritik gespart, und die Entwicklung hat mir Recht gegeben. Eine wirklich umfassende Verfassungsreform kam nicht zustande, die wichtigsten kontroversiellen Fragen blieben weiterhin offen. Fassbares Resultat war eine mit 1. Januar 2008 in Kraft getretene, eher technische Verfassungsnovelle, die neben einigen zweckmäßigen Neuregelungen eine umfassende Textbereinigung brachte. Sicher ein Fortschritt, aber ob man dafür einen 70-köpfigen Konvent gebraucht hätte, wage ich in Zweifel zu ziehen.

Über den Lebensabend der bedeutenden Juristen habe ich mir einen zynischen Spruch zu Eigen gemacht: Die wirklich großen Juristen werden im Lauf der Zeit entweder verrückt, oder sie wollen von dem Ganzen irgendwann nichts mehr wissen; Ausnahmen bestätigen die Regel. Und solche gibt es weiß Gott; Hans Kelsen und Alfred Verdross gehörten dazu. Der Grund dafür ist nicht allzu schwer zu finden, ich habe ihn bereits im zweiten Kapitel erwähnt. Dass man die Lebenssphäre des Juristen allen Ernstes als »Welt des Sollens«

bezeichnet hat, lässt die Annahme nicht absurd erscheinen, dass es sich um eine Gespensterwelt handelt.

Im April 2004 fand die Wahl des Bundespräsidenten statt. Die zustellungsbevollmächtigten Vertreter der beiden Kandidaten, Benita Ferrero-Waldner und Heinz Fischer, einigten sich auf ein Fairnessabkommen und auf ein Schiedsgericht zur Überwachung seiner Einhaltung mit je einem Vertreter der Wahlwerber und einem Vorsitzenden. Vertreter der Wahlwerber waren Rechtsanwältin Dr. Verena Scheiber und Rechtsanwalt Dr. Michael Graff; ich wurde Vorsitzender. Zu entscheiden waren überhaupt nur zwei Fälle. In einem Fall wurde keine Verletzung des Abkommens festgestellt, im anderen hat sich das Schiedsgericht für unzuständig erklärt. Bemerkenswert ist es, dass die Beratungen in einer sehr angenehmen Atmosphäre vor sich gingen. Dies ist vor allem deshalb hervorzuheben, weil – siehe oben – Dr. Graff ja ein heftiger Gegner meiner Bestellung zum Präsidenten des Verfassungsgerichtshofes gewesen war. Michael Graff verstarb 2008. In seiner Kanzlei fand eine Gedenkfeier statt, an der auch ich trotz starker unfallbedingter Schmerzen Worte der Erinnerung gesprochen habe. Seine Witwe war mir dafür sehr dankbar. Versöhnung hat gewiss ihren Wert.

8 Berater des Bundespräsidenten

Als Heinz Fischer zum Bundespräsidenten gewählt wurde, fragte er mich noch vor Antritt seines Amtes, ob ich bereit sei, als Berater für verfassungsrechtliche Angelegenheiten tätig zu sein. Nach kurzer Überlegung sagte ich zu. Seit Anfang September 2004 übe ich diese Funktion ehrenamtlich in einem schönen Büro mit Blick auf den Heldenplatz aus.

Heinz Fischer ist kein »Quereinsteiger« wie sein von ihm bewunderter Vorgänger Rudolf Kirchschläger. Er war stets Vollblutpolitiker. Als Sohn eines ebenfalls in der Politik tätigen Vaters engagierte er sich schon im Gymnasium und in der Hochschülerschaft. Er überlegte zeitweise, den Anwaltsberuf zu ergreifen, trat aber dann schon in sehr jungen Jahren als Sekretär in den parlamentarischen SPÖ-Klub ein. In jeder der vielfältigen weiteren Stationen seiner Karriere bin ich ihm begegnet. Heinz Fischer repräsentiert nicht den häufig anzutreffenden Typ des hemdsärmeligen Politikers, er ist ein kultivierter Intellektueller, der aber das politische »Handwerk« im kleinen Finger hat. Ideologisch »links« stehend, sucht er doch nicht die Konfrontation. Es wäre aber völlig falsch, wollte man ihm für die Zeit seiner parteipolitischen Aktivität im Parlament Passivität unterstellen. Seine Reden im Nationalrat beweisen das Gegenteil.

Einer seiner geistigen »Ziehväter« war Christian Broda, von dem schon mehrfach die Rede war. Eine Persönlichkeit von großer intellektueller Brillanz, aber nicht frei von schillernden Zügen. Zu den wichtigsten Reformanliegen Heinz Fischers gehörten die Hochschulreform sowie Projekte im parlamentarischen Bereich. Mit der neuen Judikaturlinie des Verfassungsgerichtshofes war er alles andere als glücklich und übte deutliche Kritik. Es ging dabei – wie bereits dargestellt – um das »letzte Wort« in Fragen der Verfassungsinterpretation. Heinz Fischers Position in dieser Sache war sehr klar und eindeutig im Sinne des Primats des Parlaments und damit der Politik.

Unsere Kontakte in den diversen Funktionen waren sachlich, aber zunächst etwas kühl. Er wusste ordentliche Arbeit immer zu schätzen und erkannte auch, dass ich kein Mann der krummen Tricks und des politischen Doppelspiels bin.

Seinen enormen Fleiß und seine Liebe zum Detail hat er auch als Bundespräsident nicht abgelegt. Sensible Fragen prüft er mit großer Gewissenhaftigkeit. Sichtlich ist er bemüht, mit der Bundesregierung und dem Bundeskanzler gut zusammenzuarbeiten, gewisse Loyalitäten sind sichtbar. Das hat ihn freilich nicht davon abgehalten, in manchen Fragen Position zu beziehen, so zum merkwürdigen Brief und des damaligen Bundeskanzlers Gusenbauer und SPÖ-Vorsitzenden Faymann an die »Kronen Zeitung« betreffend EU-Angelegenheiten und zur abrupten Abberufung des Generalstabschefs Edmund Entacher durch den Verteidigungsminister Norbert Darabos.

Der Präsidentschaftskanzlei in der Hofburg merkt man das Imperiale an, wenn man das Gebäude betritt. Maria Theresia ist allgegenwärtig. Aber im Stiegenhaus finden sich nun zahlreiche Werke moderner Künstler. Auch baulich und technisch wurde viel verändert.

Natürlich hat Heinz Fischer seinen inneren Kreis von spezifischen Vertrauenspersonen. Dazu gehören Kabinettsdirektor René Pollitzer, die Bürochefin Susanne Gaugl, die Pressesprecher Bruno Aigner und Astrid Salmhofer, wohl auch der außenpolitische Berater Helmut Freudenschuss. Daneben gibt es aber zahlreiche wichtige Mitarbeiter, die schon früher da waren und eindeutig dem »konservativen Lager« zuzurechnen sind, beginnend mit dem Kabinettsvizedirektor Heinz Hafner. Die Kooperation gestaltet sich völlig reibungslos.

In diesem Zusammenhang muss auch Frau Margit Fischer genannt werden. Auch sie ist »Mitarbeiterin« des Bundespräsidenten, wenn auch nicht im förmlichen Sinn. Heinz Fischer verdankt ihr sehr viel und weiß es auch. Sie ist die Bescheidenheit und Unaufdringlichkeit in Person. Aber man tut gut daran, sie nicht zu unterschätzen. Sie ist eine exzellente Beobachterin und hat sehr ausgeprägte eigene Meinungen. Ein besonderes Anliegen ist ihr der soziale Bereich.

Wozu braucht Heinz Fischer einen Berater für verfassungsrechtliche Fragen? Ist er doch juristisch bestens gebildet und erfahren und hat im Personalstand der Präsidentschaftskanzlei zwei ausgezeichnete Juristen, Georg Frölichsthal und Stefan Frank. Er bräuchte mich wirklich nicht. Meine Berufung zum (ehrenamtlichen) Berater war wohl ein Zeichen des Willens zur Unabhängigkeit, eine Geste des Vertrauens sowie nicht zuletzt der Bereitschaft zum Dialog. Ich habe viele Gutachten, Redeentwürfe und Informationen verfasst und an zahllosen Gesprächen teilgenommen.

Es wäre ein großer Irrtum anzunehmen, dass Heinz Fischer alle Entwürfe so übernimmt, wie sie ihm vorgelegt werden. Ich habe keinen einzigen Redeentwurf in Erinnerung, an dem er nichts geändert hätte. In vielen Fällen hat er den Text überhaupt neu geschrieben.

Mit den hauptberuflichen Mitarbeitern und Mitarbeiterinnen der Präsidentschaftskanzlei verbinden mich gute, zum Teil freundschaftliche Beziehungen.

Ohne aus der Schule zu plaudern, kann ich ein paar Worte über die juristischen Probleme verlieren, mit denen ich mich als Berater zu beschäftigen hatte.

Nach der Bundesverfassung hat der Bundespräsident das verfassungsmäßige Zustandekommen von Bundesgesetzen zu beurkunden. Es ist lange und ausführlich darüber diskutiert worden, ob diese Verpflichtung nur eine formale oder auch eine inhaltliche Prüfung verlangt. Tatsache ist, dass bis zum Januar 2008 noch kein Bundespräsident die Beurkundung eines Bundesgesetzes verweigert hat. Im Januar 2008 aber ist dies geschehen. Es handelte sich um einen Gesetzesbeschluss, der eine – wenn auch nur kurzfristig – rückwirkende Verwaltungsstrafbestimmung enthielt. Es war dies offenbar ein Versehen und keine böse Absicht. Trotzdem lag eine evidente und nicht zu diskutierende Verfassungswidrigkeit vor. Der Gesetzesbeschluss musste neuerlich gefasst werden und wurde in der geänderten Fassung anstandslos beurkundet.

Der Bundespräsident schließt die Staatsverträge ab. Hier gibt es zwar keine Beurkundung des verfassungsmäßigen Zustandekommens, aber gewiss hat der Bundespräsident auch dieses zu überprüfen. Davon abgesehen handelt es sich beim Abschluss von Staatsverträgen um einen politischen Akt; wie weit hier politisches Ermessen des Bundespräsidenten vorliegt, ist nicht ganz klar.

Im Zusammenhang mit dem Beitritt der Republik Österreich zum Vertrag von Lissabon wurde in der Öffentlichkeit lebhaft diskutiert, ob es sich um eine (neuerliche) Gesamtänderung der Bundesverfassung handle. Der Beitritt zur Europäischen Union selbst ist ja als Gesamtänderung der Bundesverfassung betrachtet und am 12. Juni 1994 der Volksabstimmung unterzogen worden. Also eine neuerliche Gesamtänderung? Sowohl in bestimmten Medien als auch im politischen Bereich wurde dies nachdrücklich behauptet. Der Bundespräsident hat sich die Prüfung der Frage durchaus nicht einfach gemacht. Er hat nicht nur meine Meinung gehört, sondern auch die eines weiteren Experten. Vor der Ratifikation hat er eine Presseerklärung herausgegeben. Völlig fälschlich wurde in einzelnen Medien behauptet, der Bundespräsident habe die Angelegenheit gar nicht ordentlich geprüft.

Gemäß der Verfassung führt der Bundespräsident den Oberbefehl über das Bundesheer. Die Bestimmung geht auf die Bundes-Verfassungsnovelle 1929 zurück, die eine massive Verstärkung der Rechte des Bundespräsidenten vorgesehen hat. Vorher fand sich der Begriff nicht im Verfassungstext. Es ist auch überaus schwierig festzustellen, was wirklich damit gemeint ist, denn die parlamentarischen Materialien sind lückenhaft und zum Teil widersprüchlich, und einschlägige Verwaltungsakten sind nicht auffindbar. Es ist nicht unwahrscheinlich, dass die Weimarer Verfassung mit dem Oberbefehl des deutschen Reichspräsidenten im Hintergrund eine Rolle gespielt hat. Angesichts der Grundtendenz der Bundesverfassungsnovelle 1929 ist kaum anzunehmen, dass die Befugnis des Bundespräsidenten sich auf die Abnahme von Paraden und die Herausgabe von Tagesbefehlen beschränken sollte. Die entscheidende juristische Frage ist die der Abgrenzung gegenüber der dem zuständigen Bundesminister zustehenden Befehlsgewalt über das Bundesheer. Eine wirklich völlig klare Lösung dieser Frage ist aus den bereits erwähnten Gründen kaum möglich. Man muss sich darauf beschränken, ein Einvernehmen zwischen den beteiligten Obersten Organen herzustellen.

Im Zusammenhang mit dem weiter unten erwähnten »Tierschützerprozess« vor dem Landesgericht Wiener Neustadt kam es zu merkwürdigen Vorfällen. Die Verteidigung nützte die ihr zustehenden Rechte in exzessiver Weise, so auch durch die Heranziehung von Rechtsexperten, die das Geschehen von außen beobachteten und kommentierten. Zu ihnen gehörte mein Freund Bernd-Christian Funk sowie die Professorin für Strafrecht an der Universität Linz Petra Velten. Deren kritische Kommentare veranlassten den Vizepräsidenten der Richtervereinigung zu einer Anzeige bei der Staatsanwaltschaft. Der Bundespräsident war durch diese Vorgänge zutiefst beunruhigt und beauftragte mich, den Präsidenten der Richtervereinigung und die Professorin zu einem Gespräch bei ihm einzuladen. Im Mittelpunkt dieses Gesprächs standen die Grenzen der Kritik an einem anhängigen gerichtlichen Verfahren. Es wurde eine einvernehmliche Lösung erzielt; das Verfahren gegen die Professorin war schon vorher eingestellt worden. Der Präsident der

Richtervereinigung stellte eine allgemeine Diskussion über das Thema für den Herbst 2011 in Aussicht. Hoffentlich geschieht dies auch. Denn es handelt sich um eine äußerst grundsätzliche Frage, deren Bedeutung weit über den Anlassfall hinausgeht.

9 *Natascha Kampusch*

In meiner bisherigen Tätigkeit war ich zwar immer wieder Nonkonformist gewesen, aber nicht einer, der die Konfrontation gesucht hat. Ich hätte nicht gedacht, dass ich mich noch in einer ganz anderen Position, nämlich in der des vom Straflandesgericht Wien in erster Instanz Verurteilten, wiederfinden würde. Es geht um die Involvierung in den Kriminalfall von Natascha Kampusch. Da ich das nun hinschreibe, ist die Angelegenheit immer noch nicht auf der ganzen Linie bereinigt. Ich gebe im Folgenden den aktuellen Stand wieder.

Am 2. März 1998 ist die damals zehnjährige Natascha Kampusch auf dem Schulweg verschwunden. Am 23. August 2006 tauchte sie plötzlich wieder auf. Am Abend desselben Tages wurde der mutmaßliche Entführer Wolfgang Priklopil von einem Zug überfahren.

Das Auftauchen von Natascha Kampusch hat eine Medienkampagne sondergleichen ausgelöst und eine weltweite Welle des Mitleids mit 3096 Tagen grässlicher Gefangenschaft in der Gewalt eines psychopathischen Täters. Ungefähr zehn Tage nach ihrem Wiederauftreten gab Natascha Kampusch drei Interviews, eines für den ORF, eines für die Zeitschrift »News« und eines für die »Kronen Zeitung«. Schon am 28. August teilte der Kinder- und Jugendpsychiater Professor Max Friedrich der Öffentlichkeit die nachstehende Erklärung (»Offener Brief«) von Natascha Kampusch mit, die am nächsten Tag auch in den Zeitungen veröffentlicht wurde. Ich gehe vom Text in der »Wiener Zeitung« vom 29. August aus.

»Sehr geehrte Journalisten, Reporter, sehr geehrte Weltöffentlichkeit!

Ich bin mir durchaus bewusst, welch starken Eindruck die Ereignisse der letzten Tage auf Sie alle gemacht haben müssen. Ich kann mir gut vorstellen, wie schockierend und beängstigend der Gedanke ist, dass so etwas überhaupt möglich ist. Ich bin mir ferner bewusst, dass Sie mir eine gewisse Neugier entgegenbringen und natürlich nähere Details über meine Umstände wissen wollen, in denen ich lebte. Ich möchte Ihnen im Voraus jedoch versichern, dass ich keinerlei Fragen über intime oder persönliche Details beantworten will und werde. Ich werde persönliche Grenzüberschreitungen, von wem auch immer voyeuristisch Grenzen überschritten werden, ahnden. Wer das versucht, kann sich auf etwas gefasst machen. Ich wuchs heran zu einer jungen Dame mit Interesse an Bildung und auch an menschlichen Bedürfnissen.

Der Lebensraum: Mein Raum war hinreichend eingerichtet. Es ist mein Raum gewesen. Und nicht für die Öffentlichkeit zum Herzeigen bestimmt.

*Der Lebensalltag: Dieser fand geregelt statt, meist ein gemeinsames Frühstück – er (*Wolfgang Priklopil, Anm.*) hat ja meist nicht gearbeitet –, Hausarbeit, lesen, fernsehen, reden, kochen. Das war es, jahrelang. Alles mit Angst vor der Einsamkeit verbunden.*

Zur Beziehung: Er war nicht mein Gebieter. Ich war gleich stark, aber – symbolisch gesprochen – er hat mich auf Händen getragen und mit den Füßen getreten. Er hat sich aber – und das haben er und ich gewusst – mit der Falschen angelegt. Er hat die Entführung alleine gemacht, alles war schon vorbereitet. Gemeinsam hat er dann mit mir den Raum hergerichtet, der nicht nur 1,60 Meter hoch war. Ich hab übrigens nach der Flucht nicht geweint. Es war kein Grund zur Trauer. In meinen Augen wäre sein Tod nicht nötig gewesen. Es wäre sicherlich eine Strafe gewesen, nicht der Weltuntergang. Er war Teil meines Lebens. Deswegen trauere ich in einer gewissen Weise um ihn. Es stimmt natürlich, dass meine Jugend anders als die manch anderer ist, aber im Prinzip habe ich nicht das Gefühl, dass mir etwas entgangen ist. Ich habe mir so manches erspart, nicht mit

Rauchen und Trinken zu beginnen und keine schlechten Freunde gehabt zu haben.

Botschaft an die Medien: Das einzige, wovor die Presse mich verschonen soll, sind die ewigen Verleumdungen meiner selbst, die Fehlinterpretationen, die Besserwisserei und der mangelnde Respekt mir gegenüber.

Gegenwärtig fühle ich mich an meinem Aufenthaltsort wohl, vielleicht ein bisschen bevormundet. Ich habe es aber so beschlossen, nur telefonische Kontakte zu meiner Familie aufnehmen zu wollen. Ich werde selbst bestimmen, wann ich mit Journalisten Kontakt aufnehmen werde.

Zu meiner Flucht: Als ich das Auto im Garten putzen und aussaugen sollte, hat er sich während des Staubsaugerlärms entfernt. Das war meine Gelegenheit, ich ließ den Staubsauger einfach laufen. Übrigens nannte ich ihn nie Gebieter, obwohl er das wollte. Ich denke, er wollte das zwar – so genannt – meinte es aber nicht wirklich ernst. Ich habe einen Vertrauensanwalt, der Rechtliches mit mir regelt. Die Jungendanwältin Monika Pinterits ist meine Vertraute, mit Max Friedrich, Leiter der Universitätsklinik für Neuropsychiatrie des Kindes und Jugendalters am Wiener AKH, und Ernst Berger von der Kinder- und Jugendpsychiatrie Rosenhügel kann ich gut reden. Das Team von Chefermittler Johann Frühstück war sehr gut mit mir. Ich lasse sie auch herzlich grüßen, aber ein wenig neugierig waren sie schon. Das ist allerdings ihr Beruf.

*Intimfragen: Alle wollen immer intime Fragen stellen, die gehen niemanden etwas an. Vielleicht erzähle ich das einmal einer Therapeutin oder dann jemandem, wenn ich das Bedürfnis habe, oder aber auch vielleicht niemals. Die Intimität gehört mir alleine. Herr H. (*der Freund Priklopils, der ihn kurz vor seinem Selbstmord mit dem Auto mitgenommen hatte, Anm.*) – das ist meine Botschaft – soll sich nicht schuldig fühlen. Er kann nichts dafür, es war Wolfgangs eigene Entscheidung, sich vor den Zug zu werfen. Mit der Mutter von Wolfgang verbindet mich Mitgefühl.*

Ich kann mich in die jetzige Situation hineinfühlen und hineinversetzen. Ich und wir beide denken an ihn. Bedanken möchte ich mich aber auch bei allen Menschen, die an meinem Schicksal so sehr Anteil nehmen. Bitte lasst mich in der nächsten Zeit noch in Ruhe. Dr. Friedrich wird es mit dieser Erklärung erklären. Viele Leute kümmern sich um mich. Lasst mir Zeit, bis ich selbst berichten kann.«

Bemerkenswert ist es, dass in der Erklärung kein Wort über die massiven Misshandlungen steht, über die das im September 2010 erschienene Buch von Natascha Kampusch ausführlich berichtet.

Lange ließen die in der Erklärung angekündigten Eigenberichte nicht auf sich warten. Ich erwähnte schon, dass nach kaum zwei Wochen drei Interviews mit Natascha Kampusch erschienen waren. Das Interview mit Natascha Kampusch vom 5. September 2006 in »News« vom 7. September beginnt mit einem Hinweis auf den erwähnten »Offenen Brief«:

»Sie spricht teilweise druckreif. Ihr Wortschatz ist der einer hoch gebildeten Akademikerin. Sagt ›Meine Mutter buk uns immer einen Kuchen‹, während andere sich daran erinnern, dass Mutter einen Kuchen gebacken hat. Ihr Satz ›Er hat mich auf Händen getragen, aber mit Füßen getreten‹ gab zur Mutmaßung Anlass, er stamme eigentlich vom Wiener Jugendpsychiater Max Friedrich, der ihn vor Dutzenden Journalisten als ›an die Weltöffentlichkeit‹ gerichteten ›Offenen Brief‹ mediengerecht rezitierte. Mitnichten: Natascha Kampusch, 18 Jahre jung, mit achtjähriger Verlieserfahrung und einem unbeschreibbaren Leidensweg hinter sich, bedarf keiner Ghostformulierer, um sich selbst zurechtzurücken.«

Aber schon vorher geschah etwas Dramatisches. Nachdem der Name Priklopil als der des Tatverdächtigen bekannt geworden war, stellte man mit Hilfe des elektronischen Systems »Convera« fest, dass sein Name bereits zweimal in den umfangreichen Akten aufgeschienen war. Erstens waren Exekutivbeamte im Zuge der Fahndung nach dem Tatfahrzeug auf ihn gestoßen, zweitens hatte es wenige Wochen später den Hinweis eines Polizeihundeführers auf die Person des Priklopil und auf das Fahrzeug gegeben. Da man aber der Meinung war, seine Person ohnehin schon überprüft zu haben, wurde der Sache nicht weiter nachgegangen. Objektiv sicher ein Fehler.

Leiter des Bundeskriminalamtes war im Zeitpunkt des Auftauchens von Natascha Kampusch, und auch schon während eines Teiles der Ermittlungen, Dr. Herwig Haidinger, dem natürlich rasch klar wurde, dass Fehler gemacht worden waren. Er bemühte sich bei den ihm unterstellten Organen um Informationen, die ihm aber – zum Teil in sehr brüsker Weise – verweigert wurden. In diesem Zusammenhang kam es zu heftigen Konflikten zwischen Dr. Haidinger und einem Kabinettsmitarbeiter der damaligen Bundesministerin. Dr. Haidinger verlangte auch eine Evaluierung der polizeilichen Ermittlungen in der Sache. Dies wurde auf die lange Bank geschoben.

Zunächst spielten sich diese Auseinandersetzungen ressortintern ab. Anfang Februar 2008 aber änderte sich das dramatisch. Dr. Haidinger, dessen Funktion als Leiter des Bundeskriminalamtes nicht verlängert worden war, trat an die Öffentlichkeit, mit beträchtlichem politischem Getöse. Dabei spielte insbesondere seine seinerzeit vorgebrachte Forderung nach Evaluierung der polizeilichen Tätigkeit im Fall Natascha Kampusch eine erhebliche Rolle.

Der nunmehrige Bundesminister für Inneres Günther Platter entschloss sich daraufhin, eine Evaluierung des Falles vornehmen zu lassen. Zu diesem Zweck sollte eine Kommission gemäß § 8 des Bundesministeriengesetzes eingesetzt werden, der auch ressortfremde Personen angehören können. Ursprünglich war nur an drei Mitglieder aus dem Ressortbereich gedacht, dann kamen noch zwei ressortfremde Persönlichkeiten dazu. Das überzeugte den Koalitionspartner (SPÖ) aber keineswegs von der Objektivität des Gremiums. Der politische Druck war gewaltig.

In dieser Situation baten mich sowohl der damalige Vizekanzler Wilhelm Molterer als auch der Bundesminister für Inneres Platter nachdrücklich, in die Kommission einzutreten. Ich sagte zu, nicht ohne den Bundespräsidenten informiert zu haben. Am 10. Februar konstituierte sich die Kommission, bestehend aus dem früheren Präsidenten des Obersten Gerichtshofes Hans Rzeszut, der Professorin für Strafrecht Susanne Reindl-Krauskopf, dem Sektionschef im Bundesministerium für Inneres Mathias Vogl, dem Leiter des Landeskriminalamtes für Oberösterreich Rudolf Keplinger, dem Kriminalpsychologen Thomas Müller und mir selbst.

Rückblickend stellt sich natürlich die Frage, welcher Teufel mich geritten hat, eine solche Funktion anzunehmen, die unweigerlich den Griff in ein Wespennest bedeuten musste. Dazu ist zu sagen, dass die Kommission niemals den Auftrag hatte, den Fall Natascha Kampusch zu klären. Der schien ja den Umständen nach ohnehin geklärt zu sein; der mutmaßliche Einzeltäter hatte offenbar schuldbewusst Selbstmord begangen.

Es ging ausschließlich um die Beurteilung der polizeilichen Ermittlungen. Dabei spielte natürlich auch der Konflikt zwischen Dr. Haidinger und dem Kabinett der Bundesministerin für Inneres Liese Prokop eine wesentliche Rolle, der sich in einer intensiven E-Mail-Korrespondenz niedergeschlagen hatte.

Die Kommission machte sich an die Arbeit. Doch schon zu Beginn geschah Merkwürdiges. Es rief mich der Kabinettschef der damaligen Bundesministerin für Justiz Maria Berger an und gab seiner Besorgnis Ausdruck, dass durch die Tätigkeit der Kommission in den Wirkungsbereich der Staatsanwaltschaft eingegriffen werden könnte. Dies insbesondere unter dem Gesichtspunkt, dass auch Vorerhebungen gemäß § 303 StGB (Fahrlässige Verletzung der Freiheit der Person oder des Hausrechts) liefen.

Ich habe die Mitglieder der Kommission von diesen Telefonaten informiert und sodann dem Kabinettschef der Bundesministerin für Justiz die folgende Meinung der Mitglieder schriftlich mitgeteilt:

»Ich habe den Inhalt der Telefongespräche, die wir am 13. und 15. Februar geführt haben, den anderen Mitgliedern der gemäß § 8 des Bundesministeriengesetzes eingesetzten ›Evaluierungskommission‹ für die strukturelle Bewertung der Vorgangsweise im Fall ›Kampusch‹ zur Kenntnis gebracht. Die Mitglieder der Kommission sind zu folgendem Ergebnis gekommen:

Die Kommission soll den Bundesminister beraten und ihm insbesondere Empfehlungen für die künftige Vorgangsweise erteilen. Sie führt keine förmlichen Ermittlungen durch und beschäftigt sich insbesondere nicht mit behauptetem oder tatsächlich bestehendem Fehlverhalten von Organwaltern mit strafrechtlicher oder disziplinarrechtlicher Relevanz. Wohl aber wird sie Empfehlungen organisatorischer Art erteilen und sich insbesondere auch mit der verfassungskonformen Interpretation der organisatorischen Bestimmungen des Bundesministeriengesetzes beschäftigen. So betrachtet sehen die Mitglieder der Kommission keine Überschneidung mit den bevorstehenden Ermittlungen der Staatsanwaltschaft.«

Am Anfang der Kommissionsarbeit stand also das Misstrauen der Staatsanwaltschaft; die Spannungen verschärften sich im Zuge der weiteren Arbeiten. Die Kommission hatte den Auftrag, innerhalb von vier Monaten ihre Arbeit dem Bundesminister für Inneres vorzulegen. Sie beschäftigte sich zunächst in zwei Zwischenberichten mit zwei wesentlichen Fragen, nämlich erstens mit den Einzelheiten des Konflikts zwischen Dr. Haidinger und dem Kabinett der Bundesministerin für Inneres und zweitens mit dem Hinweis des Polizeihundeführers, Revierinspektor P. Zwischen beiden Fragen bestand ein gewisser Zusammenhang, weil das Thema »Hundeführer« Teil des erwähnten Konfliktes war.

Dr. Haidinger sprach in einer E-Mail vom 26. September 2006 an den zuständigen Kabinettsmitarbeiter von einer ihm erteilten Weisung, dass keine Erhebungen zum Hinweis des Hundeführers gemacht werden dürfen. Ferner sprach er von einer weiteren Weisung, wonach ihm untersagt worden sei, den damaligen operativen Leiter der Einsatzgruppe Natascha Kampusch abzuberufen.

Die Kommission hatte sich also im ersten Zwischenbericht mit der Frage zu beschäftigen, ob überhaupt Weisungen im Rechtssinn vorlagen. Damit war die Rolle der Ministerkabinette angesprochen. Dies hat die Kommission im Zwischenbericht zur folgenden Empfehlung veranlasst:

> *»Es ist zwar nicht ausgeschlossen, dass ein Bundesminister sich der Mitarbeiter seines Kabinetts bedient, um seine eigenen Weisungen an die in der ›Linienorganisation‹ tätigen Bediensteten weiterzugeben. Es darf aber keinen Zweifel darüber geben, ob es sich im Einzelfall um eine dem Bundesminister zuzurechnende Weisung handelt oder nicht; dies wäre insbesondere den Mitgliedern des Kabinetts zu empfehlen. Es gibt jedenfalls keine Rechtsvermutung in der Richtung, dass vom Kabinett eines Bundesministers oder seinen Mitarbeitern ausgehende Willenskundgebungen als Weisungen des Bundesministers zu betrachten wären.«*

Der Grund für diese Empfehlung lag darin, dass im Rahmen der umfangreichen Auseinandersetzung nahezu mit Sicherheit wenigstens ein als Weisung zu wertender Akt des Kabinettsmitarbeiters vorlag, bei dem aber völlig unklar war, ob er als Weisung der damaligen Bundesministerin zu qualifizieren sei. Der Kabinettsmitarbeiter als solcher war jedenfalls kein Vorgesetzter. Die Kabinette sind nämlich »Stabsstellen«, die außerhalb der vom Bundesministeriengesetz vorgeschriebenen hierarchischen »Linienorganisation« stehen.

Der dargestellte Sachverhalt wäre das klassische Thema für einen parlamentarischen Untersuchungsausschuss gewesen. Ein solcher bestand ja auch, als die Kommission ihre Tätigkeit aufnahm, freilich war er in anderem, auch den Wirkungsbereich des Bundesministeriums für Inneres betreffenden Zusammenhang eingesetzt worden. Ich bin zu einer Ausschusssitzung eingeladen worden, kam aber dort nicht zu Wort, vor allem wegen heftigen Widerstandes des Abgeordneten Dr. Pilz, der mich als »Mann des Ministeriums« bezeichnete. Später, im Sommer 2008, verschwand der Untersuchungsausschuss infolge Selbstauflösung des Nationalrates von der Bildfläche.

Völlig unabhängig vom Fall Natascha Kampusch ist zu sagen, dass die »Kabinette« eines der vielen Grundprobleme der heutigen Ministerialverwaltung sind. Meistens bestehen sie aus sehr jungen Mitarbeitern (Mitarbeiterinnen), deren hauptsächliche Qualifikation im politischen Naheverhältnis zum Ressortchef besteht. Leiter (Leiterin) des Kabinetts ist oft eine Persönlichkeit von beträchtlichem Selbstbewusstsein, die nicht selten so auftritt, als wäre sie selbst der Minister (die Ministerin). Oder zumindest ein Staatssekretär. Namentliche Beispiele wären unschwer beizubringen.

Nun mögen diese Kabinette ein notwendiges Übel sein, solange eine erträgliche Kooperation mit der hierarchischen Ministerialorganisation besteht. Das ist aber nur allzu oft nicht der Fall. Man weiß auch (siehe den dargestellten Sachverhalt) nicht immer, ob es sich bei den Aktionen von Kabinettsmitarbeitern um solche aus »eigenem Antrieb« oder um solche im Auftrag des Ministers handelt. Wie soll unter diesen Umständen die oft zitierte Ministerverantwortlichkeit funktionieren?

Die Tragweite des Problems ist so evident, dass man sich wirklich fragen muss, wieso sie nicht in der politischen Auseinandersetzung aufgegriffen wurde. Es scheint hier, was Regierungsparteien anlangt, das Prinzip zu bestehen, dass eine

Krähe der anderen kein Auge aushackt. Aber auch die Oppositionsparteien hüllen sich merkwürdiger Weise in Schweigen. Das verstehe, wer kann.

So ist also die Frage weiterhin offen, ob die Aufträge an Dr. Haidinger im Namen der damaligen Ministerin erteilt wurden oder nicht. Der Untersuchungsausschuss des Nationalrates hat die Frage – wie bereits ausgeführt – nicht untersucht. Den Verfassungsjuristen schmerzt das.

Die Evaluierungskommission führte Gespräche mit 26 Mitarbeitern und Mitarbeiterinnen aus dem Bereich des Bundesministeriums für Inneres, vom Generaldirektor für die öffentliche Sicherheit bis zur jungen Inspektorin.

Am 30. April 2008 fand ein informelles Gespräch zwischen Vertretern der Oberstaatsanwaltschaft und der Staatsanwaltschaft Wien einerseits und der Evaluierungskommission andererseits statt. Sinn dieses Gesprächs war der Hinweis auf allenfalls strafrechtlich relevante Sachverhaltselemente, die von der Evaluierungskommission nicht verfolgt werden konnten. Ich selber konnte wegen eines Spitalsaufenthalts an dem Gespräch nicht teilnehmen. Anwesend waren der Leitende Oberstaatsanwalt Werner Pleischl, der Leitende Staatsanwalt Otto Schneider und zwei weitere Staatsanwälte. Die als Richterin des Landesgerichts für Strafsachen Wien tätige Tochter des Leitenden Staatsanwalts Schneider verurteilte mich Ende 2009 in erster Instanz wegen übler Nachrede.

Die Kommission folgte mit diesem Gespräch dem Auftrag des Bundesministers für Inneres in seinem Einsetzungsakt, wonach Erkenntnisse von dienst- oder strafrechtlicher Relevanz unverzüglich und direkt der zuständigen Stelle (Büro für Interne Angelegenheiten, Staatsanwaltschaft oder etwa Dienstbehörde) bekannt gegeben werden mögen.

Bei dem Gespräch wurden allen Teilnehmern aus dem Bereich der Staatsanwaltschaft dieselben Unterlagen übergeben, und es wurde hingewiesen auf den evidenten Widerspruch zwischen den Aussagen des Opfers Natascha Kampusch und der einzigen Tatzeugin über den Entführungsvorgang. Die Tatzeugin behauptete in mehreren Einvernahmen und später auch bei einer Videoaufnahme, dass es zwei Täter gegeben habe, während das Opfer stets nur von einem Täter gesprochen hat. Ferner wurde hingewiesen auf das seltsame Verhalten eines Herrn X.Y. sowie auf sonstige Ungereimtheiten.

Die Vertreter der Staatsanwaltschaft zeigten sich interessiert; es wurde die Bildung einer Arbeitsgruppe der Staatsanwaltschaft und des Bundeskriminalamtes in Aussicht gestellt. Diese Arbeitsgruppe wurde jedoch nie gebildet; im Gegenteil berichtete die Oberstaatsanwaltschaft dem Bundesministerium für Justiz, dass nach ihrer Ansicht keine weiteren Veranlassungen zu treffen seien.

Bemerkenswert ist der von Präsident Rzeszut später berichtete Umstand, dass die beiden leitenden Organe der Oberstaatsanwaltschaft und der Staatsanwaltschaft die ihnen übergebenen Exemplare der Unterlagen an Ort und Stelle an den Referenten der Staatsanwaltschaft weitergegeben haben, mit dem Bemerken, dieser verfüge ohnehin über dieses Material.

Am 9. Juni 2008 erstattete die Evaluierungskommission ihren 58 Seiten (ohne Beilagen) umfassenden Schlussbericht. Einige Stellen daraus seien festgehalten:

> *»Außer Streit steht offenbar, dass die mit Natascha Kampusch aufgenommenen Niederschriften im Original der Staatsanwaltschaft bzw. dem Untersuchungsrichter übergeben und keine Kopien (auch keine elektronischen Dokumente) zurückbehalten wurden. Begründet wurde dies mit dem notwendigen Schutz der Beamten der SOKO vor dem drängenden Interesse der Medien und dem für den Fall einer Wiedergabe des Inhalts in den Medien sich aufdrängenden Vorwurf der Verletzung der strafgesetzlichen Bestimmungen über die Amtsverschwiegenheit.*
>
> *Bei aller Würdigung der ohne Zweifel äußerst schwierigen*

Situation, in der sich die ermittelnden Beamten befanden, war die Vorgangsweise unzulässig. Unstrittig ist, dass die Dienstaufsicht (innerer Dienst) ausschließlich dem Ressortbereich des Bundesministers für Inneres oblag. Es geht aber auch nicht an, dem zum damaligen Zeitpunkt mit der Fachaufsicht ausschließlich betrauten Organ auszurichten, dass er gegebenenfalls die Niederschriften beim Untersuchungsrichter einsehen könne. Die Vorgangsweise widerspricht auch der verfassungsrechtlich fundierten Ministerverantwortlichkeit. Auch wenn Ermittlungsbehörden im Dienst der Strafjustiz tätig sind, besteht doch die Verantwortlichkeit des Bundesministers für Inneres für ihre Tätigkeit. Diese Verantwortlichkeit kann nicht wirksam sein, wenn den zuständigen vorgesetzten Organen der Einblick in Niederschriften verwehrt wird.«

…

»Unter derartig gravierenden Rahmenbedingungen war es zwar kinderpsychologisch nahe liegend und schlüssig, die Tatermittlungen ab dem Wiederauftauchen der Natascha Kampusch im Sinn der umgehend wirksamen Einflussnahmen von Experten so fortzusetzen, dass der inzwischen zur jungen Frau herangewachsenen Tatbetroffenen höchstmöglicher Schutz ihrer Intimsphäre gewährt wird. Was sich allerdings nach Lage des Falles als nicht nachvollziehbar darstellt, ist, dass eine Reihe von Gegenständen, die im Wohnhaus (samt ›Verlies‹) des (infolge Selbstmords nicht mehr greifbaren) bekannten Täters sichergestellt worden waren, in Befolgung der ersichtlich von der Opferbegleitung ausgegangenen Impulse an das Tatopfer ausgefolgt wurden, ohne zuvor ihren objektiven und von einer zusätzlichen seelischen Opferbelastung weitestgehend unabhängigen Beweiswert (insbesondere durch Anfertigung von Kopien) zu sichern. Im Einzelnen handelte es sich dabei um Videokassetten, ein Tagebuch, Bekleidung, beschriebene Zettel und diverses anderes persönliches Eigentum der Natascha Kampusch, dessen Beschaffenheit bzw. Inhalt nunmehr

größtenteils ebenso wenig verifizierbar ist, wie die zeitlichen und sonstigen Modalitäten der Einbringung in das so genannte ›Verlies‹. Ein derartiger Umgang mit relevantem Beweismaterial ist bei einer eigenständigen Wahrnehmung der entsprechenden Ermittlungsverantwortung (in Richtung auch zumindest eines weiteren Tatkomplizen) mit einem umfassenden Verständnis sämtlicher Aspekte wirksamen Opferschutzes schwer in Einklang zu bringen.

Hinzu kommt, dass bei evidentem Tatverdacht in Richtung langfristiger Freiheitsentziehung mit sexuellem Kindesmissbrauch eine tatbezogene Wahrheitsermittlung nicht darauf ausgerichtet sein kann, sexuelle Missbrauchskomponenten vom Ermittlungsgegenstand auszuschließen. Dass das Gesetz unter bestimmten Voraussetzungen Zwecke der Strafrechtspflege selbst über höchstpersönliche individuelle Opferrechte stellt, wurde oben mit Beziehung auf § 10 Abs. 3 Strafprozessordnung (StPO) bereits hervorgehoben.«

Der Kommissionsbericht enthielt in 16 Punkten Empfehlungen an den Bundesminister für Inneres, die in allgemeiner Form Erfahrungen aus dem Fall wiedergaben.

Mit der Erstattung des Abschlussberichts am 9. Mai 2008 hatte unsere Evaluierungskommission ihre Aufgabe beendet. Aber einige Mitglieder waren nicht zufrieden. Es gab ja Widersprüche und offene Fragen.

Ich machte die damalige Bundesministerin für Justiz Maria Berger in einem persönlichen Gespräch auf gewisse Auffälligkeiten aufmerksam. Nach einiger Verzögerung erging am 7. November 2008 ein Auftrag der Staatsanwaltschaft an das Bundeskriminalamt, »im Rahmen von zweckdienlichen Erkundigungen« bei vier namentlich genannten Personen »abzuklären, ob Verdachtsmomente in Richtung § 207a StGB (Kinderpornographie) konkretisiert werden können.« Der Name Natascha Kampusch wurde in diesem Zusammenhang vermieden.

Am 12. Dezember 2008 wurde mit Verfügung der Bundesministerin für Inneres Maria Fekter die Evaluierungskommission neuerlich eingesetzt.

Zur Erfüllung des Auftrages der Staatsanwaltschaft an das Bundeskriminalamt wurde eine Sonderkommission beim Bundeskriminalamt unter der operativen Leitung von Oberst Franz Kröll eingesetzt. Dieser Sonderkommission gelang im Zuge von Ermittlungen im »Rotlichtmilieu« die Aufklärung von zwei anderen Kriminalfällen, darunter eines sehr schwerwiegenden. Ein junges Mädchen wurde durch Schläge mit einem stumpfen Gegenstand schwer verletzt, um es in ein Bordell zu zwingen. Der Fall erregte seinerzeit großes Aufsehen; die strafrechtliche Verurteilung geschah am 4. Oktober 2011.

Die Sonderkommission des Bundeskriminalamtes wollte aber auch Einsicht in die Polizeiprotokolle nehmen, die nach dem Auftauchen von Natascha Kampusch aufgenommen worden waren und die sich in der Verwahrung der Staatsanwaltschaft befanden. Die Staatsanwaltschaft war dazu zunächst nicht bereit. Die Oberstaatsanwaltschaft Wien betraute sodann auf Initiative der Bundesministerin für Justiz den Ersten Oberstaatsanwalt in Graz Thomas Mühlbacher mit der Prüfung der Frage, ob Einsicht zu gewähren sei. In sehr kurzer Zeit hatte sich Mühlbacher seine Meinung gebildet. Die Einsichtnahme konnte Ende Juli 2009 stattfinden, allerdings unter für die Einsicht nehmenden Kriminalbeamten geradezu demütigenden Bedingungen (nur handschriftliche Notizen, kein Telefonkontakt, Aufsicht eines Staatsanwaltes). Dabei stellte sich heraus, dass die Protokolle äußerst dürftig waren und viele Fragen offen ließen.

Oberst Kröll richtete an die Staatsanwaltschaft sechs Berichte über die gesetzten Aktivitäten. Insgesamt 102 Personen wurden befragt, zwei Personen als Zeugen einvernommen. Die Staatsanwaltschaft reagierte nicht.

Für meinen Freund und Kollegen Rzeszut und für mich war der Eindruck entstanden, dass die Staatsanwaltschaft –

aus welchen Gründen auch immer – sich mit der Sache nicht weiter befassen wollte. Für uns war die Aussage der einzigen Tatzeugin der wesentlichste Faktor. Ein zusätzliches Element lag im Verhalten des Herrn X.Y., der die letzten Stunden im Leben des Wolfgang Priklopil mit diesem verbrachte. Seine Aussagen gingen damals dahin, dass Priklopil ihn um Hilfe ersucht habe, weil er in alkoholisiertem Zustand mit dem Auto gefahren sei und polizeiliche Verfolgung befürchtete. Unmittelbar vor dem Selbstmord des Wolfgang Priklopil habe er diesen aus dem Auto aussteigen lassen.

Herr X.Y. ist allerdings auch dadurch aufgefallen, dass er ohne überzeugenden Grund wenige Tage nach dem Wiederauftauchen der Frau Natascha Kampusch eine Pressekonferenz gab und sich – unter Berufung auf eine angebliche Vollmacht der Mutter von Priklopil – in dessen Haus zu schaffen machte, während noch die Spurensicherung lief.

Da die Staatsanwaltschaft auf die Aktivitäten des Oberst Kröll nicht reagierte, sah ich mich veranlasst, die Öffentlichkeit zu informieren. Ich gab dem »Profil« für die Ausgabe vom 13. Juli 2009 ein Interview, in dem ich unter anderem sagte:

> *»Und da gibt es die Aussage der einzigen Tatzeugin, die steif und fest behauptet, es waren zwei Täter. Aber das ist wieder diese Geschichte: Kampusch sagt etwas anderes. Sie ist das Opfer, und wer dem Opfer Unwahrheit unterstellt, geht ein beträchtliches Risiko ein.«*

Der Leiter der Oberstaatsanwaltschaft Wien Werner Pleischl gab seinerseits dem »Profil« ein Interview, in dem er unter anderem sagte:

> *»Als nächstes kommt vielleicht auch noch jemand von der Sozialversicherung und will sich die Protokolle anschauen. …*
>
> *Man kann sich natürlich alles Mögliche zusammenreimen. In Österreich herrscht bekanntlich Meinungsfreiheit.«*

Während der Arbeiten der Evaluierungskommission hatten sich Spannungen zwischen Innenministerium und Staatsanwaltschaft deutlich bemerkbar gemacht. Daher wurde auch im Schlussbericht der Evaluierungskommission auf die rechtlichen Voraussetzungen der Kooperation zwischen Staatsanwaltschaft und Kriminalpolizei ausführlich eingegangen. Im Sommer 2009 erreichten die Spannungen dadurch einen Höhepunkt, dass die Bundesministerin für Inneres Maria Fekter die Schaffung einer parlamentarischen Kommission zur Kontrolle der Staatsanwaltschaften zur Diskussion stellte.

Dies geschah zeitgleich mit meinem Interview. Der frühere Sektionschef und Leiter der Straflegislativsektion im Bundesministerium für Justiz Roland Miklau verfasste daraufhin einen Artikel im »Standard«, in dem er sowohl mein Verhalten als auch die Idee der Schaffung einer parlamentarischen Kontrollkommission für die Staatsanwaltschaften scharf kritisierte.

Ich darf bei dieser Gelegenheit bemerken, dass ich mit der Idee einer solchen parlamentarischen Kommission nicht das Geringste zu tun hatte. Was mir zu diesem Thema einfällt, erörtere ich später.

Meine kritischen Äußerungen im Zusammenhang mit der Causa Natascha Kampusch habe ich nicht bloß als Privatmann gemacht, sondern auch in meiner Eigenschaft als Vorsitzender der immer noch bestehenden Evaluierungskommission. Ich sah mich damals in Übereinstimmung mit der Meinung der Kommission selbst, wenngleich für meine Interviews ausschließlich ich selbst verantwortlich war. Die Reaktionen in der »veröffentlichten Meinung« waren mir gegenüber fast durchwegs kritisch.

Die an sich schon unfreundliche Stimmung wurde dramatisch verschärft durch ein Interview, das ich Ende Juli 2009 der »Kronen Zeitung« gegeben habe. Darin äußerte ich unter anderem, es sei d e n k b a r , dass die Gefangenschaft von Natascha Kampusch allemal besser gewesen sei als das, was sie davor erlebt habe. Auch gab ich der Meinung Ausdruck, es sei ihr sicher als Kind schon einiges passiert. Keineswegs habe ich gesagt, dass sich dieses »passiert« ausschließlich auf das Verhalten der Mutter beziehe. Es kommen in diesem Zusammenhang durchaus auch andere Personen in Betracht.

Ähnliche, wenn auch nicht identische Äußerungen machte ich (telefonisch) in einem Gespräch mit der Zeitschrift »News« und mit einem Journalisten des ORF.

Das Ganze zog einen Sturm der Entrüstung nach sich und führte dazu, dass Frau Brigitta Sirny, die Mutter von Natascha Kampusch, eine Privatanklage wegen übler Nachrede gegen mich einbrachte.

Insgesamt waren es drei Äußerungen, die Frau Sirny mir zur Last legte, beginnend mit dem Interview in der »Kronen Zeitung«. Die Journalistin Lara Theiss begann mit einer Suggestivfrage des folgenden Inhalts:

> *»Sie wissen, dass Nataschas Kindheit vor der Entführung schon extrem problematisch war. Inwieweit könnte diese Tatsache ihr Leben in der Gefangenschaft des Herrn Priklopil verhältnismäßig erleichtert haben?«*

Die beiden weiteren Äußerungen brachten nichts entscheidend Neues.

Dass meine Äußerungen in der »Kronen Zeitung« das Ergebnis einer Suggestivfrage waren, hat das Erstgericht überhaupt nicht gewürdigt, wohl aber das Berufungsgericht. Ich will aber nicht vorgreifen.

Anfang August zog die Oberstaatsanwaltschaft Wien die Ermittlungen in der Sache Natascha Kampusch gemäß der Strafprozessordnung an sich; der Grazer Oberstaatsanwalt Mühlbacher wurde für diese Sache der Oberstaatsanwaltschaft Wien zugeteilt. Mühlbacher war – wie erwähnt – schon vorher positiv dadurch aufgefallen, dass er – auch im Auftrag der Oberstaatsanwaltschaft Wien und entgegen dem Widerstand der Staatsanwaltschaft Wien – keine Bedenken gegen die Einsichtnahme von Beamten der Sonderkommission des Bundeskriminalamtes in die Polizeiprotokolle in der Sache Natascha Kampusch gesehen hatte. Man konnte seine Betrauung mit der Sache nur mit großem Optimismus betrachten. In der Tat ging nun einiges weiter, es wurden viele Einvernahmen durchgeführt, auch Natascha Kampusch selbst wurde von Mühlbacher zweimal einvernommen.

In dieser Zeit hatte sich die Sonderkommission des Bundeskriminalamtes auch intensiv mit Herrn X.Y. beschäftigt. Dieser entschloss sich in der Folge, seinen Anwalt zu wechseln. Und siehe da: Mit dem Anwalt wechselte auch seine Verantwortung. Es war nun nicht mehr davon die Rede, dass Wolfgang Priklopil ihn aus Sorge wegen der Konsequenzen des Fahrens im alkoholisierten Zustand kontaktiert hätte, sondern X.Y. behauptete nun, Wolfgang Priklopil habe während des stundenlangen Zusammenseins am 23. August 2006 eine »Lebensbeichte« abgelegt und zugegeben, dass er Frau Natascha Kampusch entführt und vergewaltigt habe. X.Y. fand auch eine neue Erklärung für den seltsamen Geldfluss von ihm zur Mutter des Wolfgang Priklopil und wieder zurück. Hatte er vorher konsequent behauptet, es habe sich um ein Darlehen an Wolfgang Priklopil zwecks Anschaffung eines neuen Autos gehandelt, war nun von Geldwäsche für unversteuerte Einnahmen aus Mietverhältnissen die Rede.

Im November 2009 fand ein großes Fernsehinterview mit Natascha Kampusch statt, in dessen Verlauf sie der Meinung Ausdruck gab, ihr Fall werde wohl nie ganz geklärt werden. Woher weiß sie das?

Am 20. November 2009 gab es eine Sitzung der Evaluierungskommission, an der auch Mühlbacher und Kröll teilnahmen. Bei dieser Sitzung stellte sich zur Überraschung der meisten Teilnehmer heraus, dass Mühlbacher keinen Anlass zu weiteren Maßnahmen in Richtung Mehrtäterschaft sah und dass es daher keine Anklage in diese Richtung geben werde.

Begründet wurde dies damit, dass die Staatsanwaltschaft in letzter Zeit häufig angegriffen worden sei und dass sie das Risiko eines Freispruches nicht eingehen wolle. Zusätzlich brachte Mühlbacher den Opferschutz ins Spiel.

Hans Rzeszut wies nachdrücklich auf den Widerspruch zwischen den Äußerungen der Tatzeugin über den Tathergang und den entsprechenden Äußerungen von Natascha Kampusch hin. Worauf Mühlbacher erklärte: »Gut, dann machen wir das auch noch.«

Die »Gegenüberstellung« der Tatzeugin mit Natascha Kampusch fand am 3. Dezember 2009 unter der Leitung von Oberst Kröll statt. Anwesend waren auch der Anwalt von Natascha Kampusch Dr. Gerald Ganzger, Herr Silveri sowie die Mutter der Tatzeugin. Eine Niederschrift über diese Gegenüberstellung wurde nicht aufgenommen. Es gibt nur einen von Oberst Kröll verfassten Amtsvermerk. In diesem wurde festgehalten, die von einander abweichenden Aussagen von Natascha Kampusch und der Tatzeugin betreffend die Anzahl der Täter seien keineswegs auf eine bewusst vorgebrachte Unwahrheit, sondern auf Grund des »Erlebten« auf eine Irritation bei der Wahrnehmung des Tatherganges zurückzuführen. Die Tatzeugin schloss am Ende des Gesprächs nicht mehr aus, dass es sich bei dem von ihr wahrgenommenen, mit zwei Männern besetzten weißen Kastenwagen um ein anderes als das Tatfahrzeug gehandelt haben könnte.

Im Dezember gab es noch eine Sitzung der Evaluierungskommission, bei der deutlich die Tendenz zu sehen war, die Angelegenheit zu beenden. Es war ja bereits bekannt, dass die Oberstaatsanwaltschaft Wien gemeinsam mit dem Bundeskriminalamt eine Pressekonferenz über den Abschluss der Ermittlungen plante.

Die Zeitschrift »Falter« führte noch vor der mich betreffenden Strafverhandlung ein Interview mit mir. Bemerkenswert war daran, dass im Anschluss an die Fragen der soziale

Aspekt ins Spiel gebracht und Natascha Kampusch als einer »Arbeiterfamilie« entstammend gekennzeichnet wurde. Das ist ganz falsch, denn beide Elternteile der Natascha Kampusch waren einmal selbständige Unternehmer. Aber die gegen mich gerichtete Spitze war nicht zu übersehen. Dabei spielt die soziale Komponente in der Angelegenheit sicher eine sehr wesentliche Rolle, aber als Milieu- und nicht als Klassenproblem.

Am 24. Dezember (!) 2009 fand mein Prozess statt. Sämtliche Beweisanträge wurden abgewiesen und ich zu einer Geldstrafe von € 10.000, davon € 5.000, unbedingt, verurteilt.

Ich wurde schuldig erkannt, ich hätte Brigitta Sirny in einer für einen Dritten wahrnehmbaren Weise eines unehrenhaften oder gegen die guten Sitten verstoßenden Verhaltens beschuldigt, das geeignet war, sie in der öffentlichen Meinung verächtlich zu machen oder herabzusetzen, indem ich sinngemäß geäußert hätte, dass es denkbar sei, dass die Gefangenschaft ihrer Tochter Natascha Kampusch bei ihrem Entführer Priklopil allemal besser gewesen sei als das, was sie vorher erlebte.

Im Einzelnen bezog sich das Urteil auf ein Interview mit der Journalistin Lara Theiss, das am 2. und 4. August 2009 im periodischen Druckwerk »Kronen Zeitung« erschien, auf ein Interview am 4. oder 5. August 2009 mit dem Journalisten Walter Pohl, das am 6. August 2009 im periodischen Druckwerk »News« erschien, und schließlich auf ein Interview am 4. August 2009 mit dem Journalisten Bernd Koschu, das am 5. August 2009 im Radiosender »Ö3« gebracht wurde.

In der Feststellung des Sachverhaltes wurde unter anderem als feststehend angesehen, dass Natascha Kampusch bei den Kontakten mit der Außenwelt keinerlei Kontakt zu anderen Personen herstellen durfte, widrigenfalls ihr und den betreffenden Personen die Tötung in Aussicht gestellt wurde.

Natascha Kampusch sei in den Jahren vor ihrer Entführung bei ihrer Mutter Brigitta Sirny zu Hause nicht einer achtjährigen Freiheitsentziehung in einem Verlies ausgesetzt worden und von dieser nicht mit Todesdrohungen zur Abstandnahme von der Kontaktaufnahme nach außen genötigt oder ähnlich vergleichbaren, in ihrer Grausamkeit wohl einzigartigen strafbaren Handlungen ausgesetzt worden.

Der Leser habe meine Äußerungen so verstehen müssen, dass sich Brigitta Sirny kapitaler Verbrechen an ihrer Tochter schuldig gemacht habe, wie insbesondere massive Freiheitsentziehung, schwere Nötigung und Ähnliches.

Die Feststellungen zur Entführung und Gefangenschaft der Natascha Kampusch seien notorisch, seien Gegenstand weltweiter Berichterstattung gewesen und hätten sogar Eingang in die enzyklopädische Website www.wikipedia.org gefunden.

Wie die jahrzehntelangen Ermittlungen und der Abschluss des Ermittlungsverfahrens gezeigt hätten und wie allgemein bekannt sei, gab und gebe es weder Indizien, geschweige denn Beweise dafür, dass Natascha Kampusch in den Jahren vor ihrer Entführung zumindest ähnlichen oder schlimmeren Gräueltaten durch ihre Mutter ausgesetzt gewesen sei als jenen durch Wolfgang Priklopil.

Die verhängte Strafe wurde nicht zuletzt damit begründet, dass von einer Person in meiner Position ein umsichtigeres Verhalten zu erwarten gewesen wäre und nicht die Abgabe derartiger Äußerungen aus »Frust« über meiner Ansicht nach »lasche« Ermittlungen oder um die Behörden oder die Öffentlichkeit aufzurütteln.

Es sei auch an dieser Stelle festgehalten, dass die behaupteten Todesdrohungen und schweren Misshandlungen von Seiten Wolfgang Priklopils ausschließlich auf Behauptungen der Frau Natascha Kampusch gegründet sind und dass sich in ihrem »Offenen Brief« vom 28. August 2006 kein Wort darüber findet, es sei denn, man deutet die – ausdrücklich als »symbolisch gesprochen« bezeichnete – Redewendung »auf Händen getragen und mit Füßen getreten« im Sinne solcher schwerer Misshandlungen.

Das Urteil war schon schlimm genug. Noch schlimmer waren die Reaktionen in den meisten Presseerzeugnissen. Besonders hervorgetan hat sich die Feiertagsausgabe (25. Dezember) des »Kurier«, die meine Verurteilung als Headline brachte. Paradigmatisch war die Glosse mit der Überschrift: »Tiefer Fall. Der Gerichtspräsident in Ruhe hat sich seine Strafe redlich verdient.« Sie lautet:

> *»Ludwig Adamovich ist bzw. war einer der höchsten Repräsentanten der Republik, oberster Hüter der Verfassung und ein Spitzenjurist. Nichts lag näher, als diesem Mann den Vorsitz einer Kommission anzuvertrauen, die Ermittlungspannen in einem der spektakulärsten Kriminalfälle aufdecken sollte.*
>
> *Und was macht der 77-Jährige daraus? Er nimmt der acht Jahre gefangen gehaltenen Natascha Kampusch den Opferstatus. Nach dem Motto: Sie hat uns nur was vorgespielt. Womöglich ist es ihr im Verlies besser gegangen als daheim bei der lieblosen Mutter; wo die damals Zehnjährige zu ihrem Entführer doch so eine liebevolle Beziehung aufgebaut hat; zum Geburtstag gab es sogar eine Torte; im Nachbar-Pool baden durfte sie auch … Unter einer ›dunklen Gefangenschaft‹ stellt man, stellt Adamovich, sich etwas anderes vor.*
>
> *Das ist nicht bloß, wie auch die Richterin anmerkte, eine Verfehlung seiner Aufgabe. Das ist übelste üble Nachrede. Und eine Selbstdemontage noch dazu.«*

Es fragt sich, welchen Sinn ein solches Maß an Bosheit von meiner Seite gehabt haben sollte. Den »Opferstatus« von Natascha Kampusch habe ich nie bestritten.

Der Objektivität halber ist zu sagen, dass gerade der »Kurier« im Jahr 2011 eine sehr kritische Artikelserie über die Causa Natascha Kampusch gebracht hat.

Aber auch sonst gab es freundliche Reaktionen. Herr Stefan Pestitschek, ein bekannter Leserbriefschreiber der »Krone«, gratulierte mir schriftlich zur »ersten Vorstrafe« und forderte mich auf, »endlich die Pappen zu halten«.

Das Urteil wurde ein Jahr später vom Oberlandesgericht Wien aufgehoben, aber das konnte man ja zu Weihnachten 2009 noch nicht wissen.

Von einem Strafgericht verurteilt zu werden, ist auf keinen Fall eine angenehme Sache. Aber für jemand mit meiner Berufslaufbahn, der sich außerdem in der Sache Natascha Kampusch dermaßen engagiert hatte, war es eine Katastrophe. Diskreditiert wurde damit neuerlich, wie schon durch die dargestellte »Gegenüberstellung« vom 3. Dezember 2009, auch die bisherige Tätigkeit der Evaluierungskommission.

Erstaunlich war der Verhandlungstermin am 24. Dezember. Niemand kann sich daran erinnern, dass an einem Heiligen Abend im »Grauen Haus« eine Strafverhandlung stattgefunden hat. Die Richterin äußerte sich kurz vorher öffentlich dahingehend, dass sie – wie die Gerichtsbarkeit überhaupt – unter größter Belastung leide, sodass gar nichts anderes übrig geblieben sei, als die Verhandlung an diesem Tag abzuhalten.

Später erreichte mich die Behauptung, ich selbst hätte mir diesen Termin gewünscht. Wer immer diese Behauptung erfunden hat: Sie ist eine glatte Lüge.

Dann kam auch noch die Variante ins Spiel, der Heilige Abend sei doch ein Tag der Versöhnung und hätte sich für einen Vergleich geradezu angeboten. Der Vergleich (im technischen Sinn wäre es gar keiner) hätte aber, wie der Gang der Verhandlung gezeigt hat, nur in einer bedingungslosen Kapitulation bestehen können.

Insgesamt seltsam. Merkwürdig war auch noch etwas anderes. Wie dargestellt, habe ich die Staatsanwaltschaft in der Angelegenheit öffentlich kritisiert. Der Vater der Richterin war bis Mitte des Jahres 2009 Leiter der Staatsanwaltschaft Wien. Sie hat sich nicht befangen gefühlt; ich habe auch keinen Ablehnungsantrag gestellt. Aber ein bitterer Nachgeschmack bleibt. Im Hinblick auf diese familiären Beziehungen gewinnt die Feststellung im erstinstanzlichen Urteil besonderes Gewicht, man habe von einer Person in meiner Position ein umsichtigeres Verhalten erwarten können und nicht die Abgabe derartiger Äußerungen aus »Frust« über meiner Ansicht nach »lasche« Ermittlungen oder um die Behörden oder die Öffentlichkeit aufzurütteln. Das war eine überflüssige persönliche Spitze gewesen.

Am 8. Januar 2010 fand die angekündigte gemeinsame Pressekonferenz von Oberstaatsanwaltschaft und Bundeskriminalamt statt. Danach war alles geklärt, die »Mehrtätertheorie« endgültig vom Tisch. Die einzige Frage, die zugegebenermaßen nicht geklärt werden konnte, war die, wie der mutmaßliche Täter Priklopil auf das Opfer gekommen ist. Genau das ist ja die Frage, die ich mir die ganze Zeit gestellt habe. Und nochmals: Wieso sagt das Opfer öffentlich, der Fall werde wohl nie völlig geklärt werden? Wie passt das zur »Einzeltätertheorie«?

Unmittelbar nach der Pressekonferenz hielt die Evaluierungskommission ihre letzte Sitzung ab und erstattete einen kurzen, ziemlich lauwarmen Bericht. Ich war nicht dabei, weil ich krank war, und musste daher den Bericht auch nicht unterschreiben. Es war nur zu deutlich zu erkennen, dass man Schluss machen wollte.

Ende August 2010 fand das Strafverfahren gegen X.Y. wegen »Begünstigung« statt, weil er während des Zusammenseins mit Wolfgang Priklopil trotz dessen »Lebensbeichte« die Polizei nicht verständigt habe. In der Verhandlung änderte X.Y. seine Verantwortung ein zweites Mal, nämlich dahingehend, dass er während des Zusammenseins mit Wolfgang

Priklopil von diesem physisch bedroht worden sei. Das hat X.Y. allerdings nach eigener Aussage nicht daran gehindert, während dieses Bedrohtseins aus dem Auto auszusteigen, bei einer Tankstelle einen Proviant zu holen und dann wieder einzusteigen. Der Verhandlungsrichterin allerdings genügte diese Verantwortung für einen Freispruch.

Wolfgang Priklopil als gefährlicher Gewalttäter ist ein »Leitmotiv«, das sich sowohl im Buch der Frau Natascha Kampusch als auch in der nunmehrigen Rechtfertigung des X.Y. findet.

Mittlerweile hatte ich Berufung gegen das Urteil des Landesgerichts für Strafsachen erhoben. Im September erzählte man mir, der Leitende Oberstaatsanwalt Werner Pleischl habe in einer Gesellschaft von Juristen geäußert, das Urteil sei schon so gut wie rechtskräftig.

Am 22. Dezember 2010 hat mich das Oberlandesgericht Wien von der Privatanklage der Frau Sirny wegen übler Nachrede freigesprochen. Interessant ist es, dass sich das Oberlandesgericht dabei auch auf den mehrfach erwähnten »Offenen Brief« von Natascha Kampusch gestützt hat, auf den ich in meiner Berufung hingewiesen hatte.

Aber auch sonst ist das Urteil des Oberlandesgerichts sehr bemerkenswert: Die zwar begründeten, somit keinesfalls willkürlichen Feststellungen des Erstgerichts zum Bedeutungsinhalt meiner Äußerungen seien insoweit erheblich bedenklich, als die Begleitumstände der Äußerungen, die jeweiligen Fragestellungen der Interviewpartner, der konkrete Gesamtzusammenhang der Äußerungen ebenso wie meine Position als Vorsitzender der Evaluierungskommission ausgeblendet wurden. Nach der gefestigten Rechtsprechung in Medienrechtssachen sei entsprechend dem im Strafprozess geltenden Grundsatz »in dubio pro reo« von der für den Angeklagten günstigsten Variante auszugehen. Ein Wertungsexzess sei in den inkriminierten Äußerungen nicht zu erblicken, sei es mir als dem Angeklagten doch nicht darum gegangen, die Mutter des Entführungsopfers herabzusetzen, sondern um eine Darstellung der im besonderen Fall liegenden Problematik bei der Ermittlung und der Aufarbeitung des Geschehenen. Höchst bemerkenswert ist der folgende Satz in der Begründung des Berufungsurteils, der sich auf die erwähnte Problematik näher bezieht:

> *»…, die auch in der Tatsache der frühzeitigen Abschottung des Entführungsopfers und der erforderlichen Schonung ihrer Person begründet ist, was dem Bedürfnis nach einer restlosen und endgültigen Aufklärung der Causa im Ergebnis als unüberbrückbares Hindernis entgegen steht.«*

Dieser Satz wirkt ganz schön resignativ oder muss zumindest Resignation auslösen.

Am 8. September 2010 waren die Erinnerungen der Natascha Kampusch mit dem Titel »3096 Tage« veröffentlicht worden. Das Buch, von dem über 400.000 Exemplare verkauft wurden und das in dreißig Sprachen übersetzt worden ist, wurde verfasst »Mit Heike Gronemeier und Corinna Milborn«. Im Klappentext heißt es, Frau Gronemeier sei nach Gründung einer Agentur in München als »Ghostwriterin« und Lektorin freiberuflich tätig. Corinna Milborn ist stellvertretende Chefredakteurin der Zeitschrift »News«.

Ausführlich werden in dem Buch die nicht gerade seltenen Kontakte mit der Außenwelt geschildert. Allerdings ist nach der Darstellung im Buch dies alles unter der manifesten Gefahr der Tötung abgelaufen, der man die Kontaktpersonen nicht aussetzen wollte. Niemand kann das natürlich widerlegen. Immer wieder äußert die Autorin Zweifel daran, ob denn diese Kontaktpersonen überhaupt in ihrem Sinne gehandelt hätten. *»Niemand würde auf die Idee kommen, dass es die Wahrheit war, wenn ich sagte: ›Helfen Sie mir, ich wurde entführt.‹«* Trotzdem sagt ein Verkäufer im Baumarkt: *»Kann ich Ihnen helfen?« Aber dann spricht der »Täter«: »Danke, wir kommen zurecht.«* Und die Chance ist vorbei.

Auch der Kontakt mit einer Polizeistreife führte nicht weiter: *»Aber was sollte ich sagen? Würde man mir zuhören? Was, wenn ich abgewiesen würde?«* So geschieht also nichts: *»Erst im Nachhinein fiel mir auf, dass mir eine Option damals überhaupt nicht in den Sinn gekommen war: Den Polizisten einfach anzusprechen. Zu lähmend war meine Angst gewesen, Priklopil könne jedem etwas antun, zu dem ich in Kontakt trat.«*

Nicht anders verhält es sich mit dem Schiverleih und dem Anstellen beim Schilift. Und die Dame in der Toilette der Lifttalstation wurde zwar angesprochen, aber leider verstand sie nicht Deutsch.

Interessant ist es auch, welche Rolle der 18. Geburtstag, der Tag der Volljährigkeit, für die Autorin spielt. An mehreren Stellen macht sie deutlich, dass dieser Geburtstag das Zeichen zur Befreiung sein werde. Kapitelüberschrift: *»Ich hatte eine Bombe gezündet. Die Zündschnur brannte und es gab keine Möglichkeit, sie zu löschen. Ich hatte das Leben gewählt. Für den Täter blieb nur der Tod.«* Und dann: *»Ich würde bei erster Gelegenheit fliehen. Und einer von uns beiden würde das nicht überleben.«*

Im »Offenen Brief« von Natascha Kampusch vom 28. August 2006 liest es sich ganz anders: *»In meinen Augen wäre sein Tod nicht nötig gewesen.«* Bemerkenswert ist übrigens, dass der »Offene Brief« im Buch überhaupt nicht erwähnt wird.

Natascha Kampusch schreibt, sie habe die junge Polizeibeamtin, die das erste Gespräch mit ihr nach ihrem Freikommen geführt hatte, fasziniert gemustert, denn sie hätte schon so lange keine Frau mehr gesehen. Wenn man ihrer eigenen Darstellung im Buch folgt, hat sie mit mehreren Frauen Kontakt gehabt, nicht zuletzt eben mit der nicht Deutsch sprechenden Touristin in der Toilette einer Schihütte im Ötschergebiet.

Natascha Kampusch kann in ihrem Buch schreiben, was sie will, weil sie dabei nicht unter Wahrheitspflicht steht.

Die unbezweifelbare Existenz des Verlieses, der Schrecken, der von diesem ausgeht, spricht für sich.

Zeitungsberichten entnehme ich, dass es trotz Ablebens des ursprünglichen Produzenten nun doch auch einen Film über den Fall Natascha Kampusch geben wird. Man darf darauf gespannt sein.

Hans Rzeszut, langjähriger Staatsanwalt, Strafrichter und schließlich Präsident des Obersten Gerichtshofes hatte seit der Einsetzung der Evaluierungskommission im Februar 2008 die Entwicklung der Angelegenheit mit Engagement und wachsender Entrüstung verfolgt. Lange Zeit hatte er seinen Unmut »heruntergeschluckt«. Aber vor allem die Umstände der »Gegenüberstellung« ließen ihn nicht zur Ruhe kommen. So entschloss er sich zu einem ungewöhnlichen Schritt. Er richtete eine Petition an alle parlamentarischen Klubs, in der er auf 24 Seiten plus Beilagen seine Bedenken gegen die Entwicklung in der Sache darlegte. Mit größter juristischer Präzision und mit Beispiel gebender Vollständigkeit äußerte er seine wohl begründete Kritik. Rzeszut scheute sich nicht, deutliche Vorwürfe gegen hohe und höchste Funktionäre der Staatsanwaltschaft zu äußern.

Dieses Memorandum von Rzeszut führte dazu, dass die Generalprokuratur auf Initiative des Bundesministeriums für Justiz die Staatsanwaltschaft Innsbruck mit Ermittlungen gegen fünf Staatsanwälte beauftragte, darunter auch gegen Werner Pleischl und Thomas Mühlbacher. Nun musste die Angelegenheit in den Bereich einer anderen Oberstaatsanwaltschaft übertragen werden, angesichts der involvierten Personen.

Auf Antrag der Staatsanwaltschaft Innsbruck führte der Richter des Landesgerichts Innsbruck Georg Putz gerichtliche Beweisaufnahmen in der Sache durch. Ich wurde einvernommen, aber auch die Tatzeugin, die nach der Gegenüberstellung am 3. Dezember 2009 ihre Meinung geändert hatte.

Die Beweisaufnahmen wurden Ende Juli 2011 abgeschlossen. Zum Zeitpunkt der Drucklegung dieses Buches beschäftigt sich die Staatsanwaltschaft Innsbruck mit dem vorliegenden Material. Sie wird ihr weiteres Vorhaben betreffend die weitere Behandlung der Sache der Oberstaatsanwaltschaft Innsbruck, diese dem Bundesministerium für Justiz, zu berichten haben.

Früher konnte man zu Recht sagen, Gerichtsbarkeit im verfassungsrechtlichen Sinn sei Vollziehung durch mit den richterlichen Garantien ausgestatteten Organe und ihre Hilfsorgane. Seit der Einfügung eines neuen Art. 90a über die Staatsanwaltschaften in die Bundesverfassung mit Wirkung vom 1. Januar 2008 stimmt dies nicht mehr. Die Staatsanwälte werden – trotz verbleibender Weisungsgebundenheit – ausdrücklich als »Organe der Gerichtsbarkeit« bezeichnet. Vom Inhalt ihrer Tätigkeit her waren sie dies immer schon, sie unterlagen nie der Kontrolle durch den Verfassungsgerichtshof und den Verwaltungsgerichtshof. Man muss sich fragen, welchen Sinn die getroffene Neuregelung hat; jedenfalls hat sie die Staatsanwälte nicht zu Richtern gemacht.

Wenn die Öffentlichkeit von »Justiz« spricht, sind damit Richter, Staatsanwälte und Justizminister samt ihrem Apparat gemeint. Juristisch ist dies nicht korrekt, denn das Justizministerium gehört zweifelsfrei zur Verwaltung, obwohl es Weisungen an die der Gerichtsbarkeit zugeordneten Staatsanwälte erteilen kann. Faktisch ist es aber sehr verständlich, wenn verallgemeinernd von der »Justiz« gesprochen wird. Man kennt sich gegenseitig, die Karrieren sind durchlässig. Die rechtskundigen Beamten des Bundesministeriums für Justiz sind fast durchwegs ehemalige Richter oder Staatsanwälte. Auf der höheren Ebene sind Personalrochaden zwischen Gerichten und Staatsanwaltschaften durchaus gängig.

Aber es gibt natürlich auch andere Verflechtungen, nämlich solche zwischen Justiz, Politik, Medien und Anwaltschaft. Es ist nicht fair, in diesem Zusammenhang nur die Politik zu prügeln. Auch die Tatsache einer simplen Parteimitgliedschaft sagt in diesem Zusammenhang noch gar nichts aus. Die eigentlichen »Infiltrate« bewegen sich auf einer anderen als der formalen Ebene.

Richter dürfen nicht herumreden, sondern sie haben zu entscheiden. Dies prägt natürlich die Persönlichkeit in positiver, mitunter auch in negativer Hinsicht. Meine persönlichen Erfahrungen mit der Strafgerichtsbarkeit sind ambivalent. Man muss nur das Urteil des Erstgerichts in meinem Verfahren wegen übler Nachrede mit dem Urteil des Berufungsgerichts vergleichen, um zu sehen, was ich meine. Eine sehr positive Erfahrung habe ich später mit dem ermittelnden Richter des Landesgerichts Innsbruck gemacht.

Justizministerin Bandion-Ortner kehrte nach Funktionsende an ihren angestammten Wirkungsbereich, das Landesgericht für Strafsachen Wien, zurück. Der Personalsenat wies ihr die Aufgabe der Vorsitzenden einer Berufungsabteilung zu. In mehreren Medien konnte man dazu lesen, anonym bleiben wollende Strafrichter hätten diese Aufgabe mit einem sehr ordinären Ausdruck belegt. Der Präsident des Landesgerichts für Strafsachen gab in einem Leserbrief (»Kronen Zeitung« vom 29. April 2011) seinem Schmerz über die »Herabwürdigung einzelner Abteilungen des größten österreichischen Strafgerichts und damit sämtlicher in diesen Sparten tätiger Richter« Ausdruck. Recht so! Nur, wer hat denn den wenig salonfähigen Ausdruck erfunden? Etwa die Medien selbst? Nein, es spricht alles dafür, dass man es einmal mehr mit einem Fall von »Verhaberung« zu tun hatte, in dem unter dem Deckmantel der Anonymität Bosheiten in einem spezifischen Jargon verbreitet werden. So gesehen fällt auch ein merkwürdiges Licht auf den kämpferischen Brief des Herrn Präsidenten. Gut, er musste ihn wohl schreiben. Die dargestellte Fragestellung ergibt sich trotzdem.

Mit 1. Januar 2008 ist eine umfangreiche und wichtige Novelle zur Strafprozessordnung in Kraft getreten, die das Vorverfahren völlig neu geregelt hat. Abgesehen von rudimentären Resten gibt es nun keinen Untersuchungsrichter mehr, Leiterin des Ermittlungsverfahrens ist die Staatsanwaltschaft, die sich dabei der Kriminalpolizei bedient. Es handelt sich um kein aktuelles, wohl aber um ein potentielles Verhältnis der Über- und Unterordnung.

Diese Neuregelung führte – wie ich bereits erwähnte – zu beträchtlichen Spannungen zwischen Innen- und Justizressort. Im Umfeld der von mir dargestellten Vorgänge im November 2009 ließen diese Spannungen – aus welchen Gründen auch immer – deutlich nach; man war erkennbar um Harmonie bemüht.

Auf europäischer Basis und zuletzt sehr offenkundig auch in Österreich wird gefordert, die Kompetenzen des Justizministeriums weitgehend auf einen zu schaffenden »Rat der Gerichtsbarkeit« zu übertragen. Man muss einräumen, dass sich ein derartiges Organ heute in den meisten europäischen Staaten findet; das wichtigste Bollwerk gegen eine solche Entwicklung ist die Bundesrepublik Deutschland. Natürlich wird das Modell auch dort diskutiert; bemerkenswerter Weise unter der Parole »Der Weg zum Rat der Gerichtsbarkeit führt über die Leiche des Justizministers«. Da es in der BRD nicht nur einen Bundesjustizminister gibt, sondern auch alle Bundesländer einen solchen haben, würde die Verwirklichung dieses Projektes daher zu einem Massenmord führen.

In Österreich haben Richtervereinigung und Richtergewerkschaft der amtierenden Justizministerin ein Modell für einen Richterrat vorgeschlagen, in dem auch die Staatsanwälte vertreten sein sollen. Wahrscheinlich konsequent angesichts der Definition der Staatsanwälte als Organe der Gerichtsbarkeit, aber der Realisierung nicht unbedingt förderlich. Das Recht auf Ernennung von Richtern, das nach der geltenden Verfassung dem Bundespräsidenten und dem von ihm ermächtigten Bundesminister zusteht, soll auf den Rat übergehen. Hier wird wohl zu viel verlangt.

Gemäß der Verfassung sind für die Besetzung von Richterstellen Vorschläge der richterlichen Personalsenate einzuholen, die allerdings nicht bindend sind. Für den Präsidenten und die Vizepräsidenten des Obersten Gerichtshofes gibt es solche Vorschläge nicht. Darüber könnte man diskutieren, ebenso über eine Bindung von Bundespräsident und Bundesminister an die Vorschläge der Personalsenate (nicht an die Reihenfolge der Nominierung). Für die frei werdenden Stellen von Staatsanwälten erstatten »Personalkommissionen« Vorschläge, die offensichtlich nicht gerne geneigt sind, auch Richter in den Vorschlag aufzunehmen.

Insgesamt bilden die Staatsanwaltschaften ein ganz massives Machtzentrum, sodass man sich die Schaffung von über das Weisungsrecht hinausgehenden Kontrollmechanismen überlegen muss. Eine parlamentarische Kommission, wie vor zwei Jahren vorgeschlagen, ist sicher keine gute Lösung, weil der Einwand »Einmischung der Politik« nur allzu nahe liegt. Dieses Argument wird freilich auch ständig gegen die Überordnung des Bundesministers für Justiz über die staatsanwaltliche Hierarchie ins Treffen geführt. Mich ärgert diese undifferenzierte Sicht. Politik muss ja nicht Parteipolitik sein, und Politik in einem weiteren Sinn betreiben die Staatsanwälte schon selbst. Die Entscheidung darüber, ob Anklage erhoben wird, ob ein Verfahren eingestellt wird, ob ein »außergerichtlicher Tatausgleich« stattfindet, ist zwar vom Gesetz determiniert, die verwendeten Begriffe lassen aber einen sehr weiten Spielraum. Und da spielt die Grundhaltung zum Thema »Strafverfolgung« eine wesentliche Rolle. Es macht natürlich einen beträchtlichen Unterschied aus, wie man die Funktion des Staates in diesem Bereich versteht. Was der eine mit der Parole »Helfen statt strafen« versieht, betrachtet der andere als Kapitulation des Staates vor einer seiner wesentlichsten Aufgaben.

Ein ganz besonders sensibles Thema betrifft die Öffentlichkeitsarbeit und die Wahrung der Amtsverschwiegenheit. Dies deshalb, weil hier diametral entgegengesetzte Interessen eine Rolle spielen: das Informationsbedürfnis der Öffentlichkeit, der Schutz der Privatsphäre und das Interesse, den Zweck eines laufenden Verfahrens nicht zu gefährden.

Es ist nicht leicht, diese Interessen unter einen Hut zu bringen.

Sicher scheint mir, dass es hier an Transparenz fehlt, auch wenn man die Sensibilität der Thematik in Betracht zieht. Ein markantes Beispiel bildet der so genannte außergerichtliche Tatausgleich (Diversion), über den die Öffentlichkeit so gut wie nichts erfährt, der aber 80 % der Strafverfahren betrifft. Hier liegt Reformbedarf vor. Aber eine Lösung des Problems jenseits irgendwelcher Erlässe wäre dringend wünschenswert. Sonst geht es so weiter wie bisher, nämlich in der Form, dass vertrauliche Informationen auf eher dunklen Kanälen in die Öffentlichkeit gelangen.

11 Über das Recht

Seit ich mich mit der Rechtswissenschaft beschäftige, ist mir der Rechtsbegriff ein wesentliches Anliegen. Seit drei Jahrtausenden wird im Abendland darüber diskutiert. Für den Rechtspositivisten gibt es nur das empirisch fassbare, gesetzte Recht in Form von Gesetzen, Rechtsgewohnheiten, Urteilen und sonstigen Entscheidungen und von Rechtsgeschäften. Alles andere ist dem Rechtspositivisten Spekulation. Für einen anderen sind Recht und Unrecht wertgeladene Begriffe, die nicht nur von der Willkür des Gesetzgebers abhängig sein können.

Wer so denkt, muss sich die Frage gefallen lassen, woher er seine Wertmaßstäbe nimmt. Wer etwa in der christlichen Weltanschauung steht, für den sind sie in der göttlichen Offenbarung verankert. Das Gleiche gilt für die beiden anderen monotheistischen Religionen, den Islam und den jüdischen Glauben. Die katholische Kirche vertritt freilich seit Augustinus die auf die Antike zurückgehende Auffassung, dass wesentliche Elemente dieser geoffenbarten Normen auch auf dem Weg der Vernunft erkennbar sind, wie übrigens auch die Existenz Gottes.

Ein Agnostiker kann dem natürlich nicht zustimmen. Freilich kann auch er durchaus der Meinung anhängen, dass es absolute sittliche Werte gibt und trotzdem einen scharfen Unterschied zwischen diesen und dem positiven Recht machen. Beiden Auffassungen liegt die positivistische These der Trennung von Recht und Moral zugrunde.

In aller Regel setzt aber eine Rechtsordnung bestimmte Grundwerte voraus, woher immer sie kommen mögen. Seit der Charta der Vereinten Nationen von 1945 und der Allgemeinen Erklärung der Menschenrechte der Vereinten Nationen vom 10. Dezember 1948 gibt es weltweit vorausgesetzte Rechtsgrundsätze, ganz zu schweigen von späteren internationalen Kodifikationen. Für den europäischen Bereich ist hier vor allem die Europäische Menschenrechtskonvention zu nennen, die in Österreich samt ihren Zusatzprotokollen Verfassungsrang hat. Vorbild sind die großen Deklarationen des ausgehenden 18. Jahrhunderts, vor allem die Unabhängigkeitserklärung der Vereinigten Staaten von Amerika vom 4. Juli 1776 sowie die französische Erklärung der Menschen- und Bürgerrechte vom 26. August 1789. Beide setzen präpositive Werte voraus. In klassischer Weise kommt dies zum Ausdruck in den ersten Worten der US-Unabhängigkeitserklärung: »We hold these truths to be self-evident ...« »Wir gehen davon aus, dass es die folgenden, unmittelbar einleuchtenden Werte gibt ...«

Einen überzeugten Rechtspositivisten beeindruckt das alles überhaupt nicht, denn für ihn sind diese Deklarationen auch etwas »Positives«. So dreht sich also die Diskussion im Kreis.

In streng wissenschaftlicher Weise kann man absolute Werte weder beweisen noch ihre Existenz widerlegen. Insoweit ist Kritikern durchaus Recht zu geben. Allerdings hat gerade Hans Kelsen deutlich gezeigt, dass die Geltung der Rechtsordnung nicht empirisch begründet werden kann, dass man vielmehr in dieser Richtung eine nicht positivierte Voraussetzung machen muss. Diese Voraussetzung ist für ihn die Grundnorm, eine gedachte Norm, die allerdings nicht das Geringste über den Inhalt der Rechtsordnung aussagt; sie deckt vielmehr eine jede Rechtsordnung. Außerdem sagt sie nichts über die sittliche Verpflichtung zum Rechtsgehorsam aus, mag dies nun plausibel sein oder nicht.

Wer von präpositiven Rechtswerten überzeugt ist und eine dementsprechende sittliche Verpflichtung annimmt, wird diese an die Stelle der Grundnorm setzen. Im Naturrecht fallen rechtliche und sittliche Verpflichtung zusammen, das ist ganz wesentlich. René Marcic hat das Naturrecht als »Grundnorm« der Verfassung postuliert. Aber auch wenn man – was viel für sich hat – der positivistischen Trennungsthese anhängt, kommt man um die Frage der Verbindlichkeit des Rechts für den Einzelnen nicht herum.

Ohne Verpflichtungsbewusstsein der Adressaten kann die Rechtsordnung nicht funktionieren. Denn der angedrohte Zwang ist kein Automatismus und kommt vielfach gar nicht zustande. Recht und Moral sind siamesische Zwillinge.

An der Wiege des Rechts steht das Sakrale, wie sich mühelos nachweisen lässt, und dieses Verständnis war noch prägend bis ins 19. Jahrhundert hinein. Aber schon zur Zeit des sakralen Primats wurde behauptet, die Grundlage des Rechts sei mit der Vernunft erkennbar. Die »Goldene Regel« (Was man selbst will oder nicht will, soll man auch anderen gewähren oder es ihnen nicht tun.) wurde da genannt, der Satz des Ulpian »Suum cuique tribuere« (Jedem das Seine gewähren.) und so weiter. Ideologiekritiker, insbesondere Hans Kelsen und seine Epigonen, haben diese und ähnliche Sätze als »Leerformeln« bezeichnet. Wenn man mit Methoden quasi-mathematischer Akribie an die Sache herangeht, sind sie es auch.

Es bleibt die Frage, ob man das so sehen darf. Sätze wie »pacta sunt servanda« und »audiatur et altera pars« scheinen doch wirklich allgemein einleuchtend zu sein. Woher kommen sie? Sie werden vorausgesetzt. Und sie sind immer wieder verletzt worden, insbesondere auch im Umgang der Staaten miteinander. Aus diesem Umstand folgt aber keineswegs, dass sie nicht existieren, beweisen lassen sie sich allerdings nicht.

Dass der Mensch das positive Recht braucht, ist evident, denn sonst herrschte das absolute Chaos. Diese Einsicht dispensiert nicht von der Frage nach dem »richtigen« Recht. Man kann die Frage in reinen Subjektivismus und Relativismus auflösen, wie Kelsen und andere Rechtspositivisten dies tun.

Für Kelsen ist das Gewissen des Einzelnen die Grundlage für den Rechtsgehorsam. Das ist im Prinzip sehr richtig gesehen. Auch für die Kirche spielt das »forum internum« eine wesentliche Rolle. Aber es gibt die Institution des »irrenden Gewissens«, von dem schon Kant gesagt hat, es handle sich um einen widerspruchsvollen Begriff: Jenseits aller kirchlichen Lehren sprechen auch noch durchaus rationale Überlegungen gegen den Versuch, die Frage der Verbindlichkeit des Rechts in reinen Subjektivismus aufzulösen. Alles in allem handelt es sich um ein Thema, das mich nie losgelassen hat.

Der Bereich des Rechtlichen hat durchaus seine Eigenheiten, vor allem deshalb, weil ständig ein Kompromiss gefunden werden muss zwischen Rechtssicherheit und den bestehenden Vorstellungen von Gerechtigkeit. Ein Mensch kann noch so sehr davon überzeugt sein, in einer Sache Recht zu haben, wenn er eine Frist versäumt hat oder wenn Verjährung seines Anspruches eingetreten ist, wird ihm das in der Regel nichts helfen. Im Zivilprozess zählt nur, was die Parteien selbst vorbringen; wenn jemand dabei ungeschickt agiert, nützt ihm sein »gutes Recht« nichts. Ein Rechtsakt kann noch so fehlerhaft sein, wenn er nicht bekämpft wird, ist er in der Regel bindend. Und da spielt natürlich die Frage eine entscheidende Rolle, wer den Akt bekämpfen darf, wer – wie die Juristen sagen – »aktiv legitimiert« ist.

Dieser – unvermeidliche – Konflikt zwischen Gerechtigkeit und Rechtssicherheit hat dem Recht den Vorwurf eingetragen, es sei nach seinem Wesen unmoralisch. Es kann sein, dass der Kompromiss allzu stark zu Lasten der Gerechtigkeit ausfällt. Das sind dann die Fälle, die der Verfassungsgerichtshof unter dem Titel »sachliche Rechtfertigung« zu überprüfen hat.

Bundespräsident Heinz Fischer hat kürzlich im Zusammenhang mit bestimmten Vorgängen die Meinung geäußert, es sei nicht alles erlaubt, was nicht verboten sei. Prompt trat der Philosoph Rudolf Burger auf den Plan und gab seinem Entsetzen über eine solche Äußerung Ausdruck: sei es doch im Rechtsstaat gerade umgekehrt. Ein Missverständnis oder ein bewusstes Missverstehen-Wollen? Fast müsste man Letzteres annehmen, denn Burger tritt ausdrücklich gegen eine politische Moral auf, für ihn gibt es nur eine private Moral. Der beste Beweis dafür, dass man aneinander vorbeireden kann, wenn die Dialogpartner von unterschiedlichen Selbstverständlichkeiten ausgehen.

Bundeskanzler Werner Faymann hat – offenbar mit viel positiver Resonanz – das Stichwort »Gerechtigkeit« ins Spiel gebracht und damit die »Verteilungsgerechtigkeit« gemeint. Sicher eine prinzipiell zutreffende Forderung. Aber wo sind die Grenzen? Sind da nicht die marxistischen Lehren konsequenter als irgendwelche Halbheiten? Muss nicht die Abschaffung des Erbrechts eine unabdingbare Folgerung sein? Ohne Zweifel gibt es hier verfassungsrechtliche Schranken. Dass es aber auch anders geht, hat sich in kommunistisch regierten Staaten gezeigt.

Das Prinzip »Gerechtigkeit« ist engstens verbunden mit dem Prinzip »Gleichheit«. Dass dieses letztere Prinzip nur annäherungsweise realisiert werden kann, ist evident. Die Menschen sind nun einmal nicht gleich; es kann nur darum gehen, Unterschiede in vernünftiger Weise einzuebnen. Mythologische Staatstheorien schließen dies von vornherein aus. Wenn man von guten und schlechten Rassen ausgeht oder das Proletariat als einzigen Besitzer der Wahrheit betrachtet, ist die Gleichheit von Anfang an aufgehoben. Aber darüber hinaus kann die Idee der Gleichheit zu Tode gehetzt werden, wenn man Gleichheit um jeden Preis vertritt und damit unterschiedliche persönliche Eigenschaften wegdiskutiert. Vom Begriff der »sachlichen Rechtfertigung« war schon die Rede. Aber im Übrigen gibt es hier sehr unterschiedliche, weltanschaulich bedingte Zugänge.

Die Frage ist, ob man »Ideal« und »Illusion« identifiziert. Kelsen tut dies. Ich glaube nicht, dass das notwendig ist, bei allen Schwierigkeiten, die mit Idealen nun einmal verbunden sind. Ideale sind nur annäherungsweise realisierbar, sie können zueinander in Konkurrenz treten und tun das auch, jedoch ginge es zu weit, sie in das Reich der bloßen Fantasiegebilde zu verweisen.

Bemerkenswert ist in diesem Zusammenhang die Rolle, die Kelsen der positiven Rechtsordnung beimisst: Angesichts seiner relativistischen Grundposition ist Ordnung an sich schon ein Wert, die Norm repräsentiert den objektiven Wert, weil sie Norm ist. In dieser Allgemeinheit ist die Aussage nicht jedermanns Sache. Schon gar nicht in einem Zeitalter, in dem es – wenigstens äußerlich – einen weltweiten Konsens über Menschenrechte gibt, die eben nicht erst vom Staat verliehen werden müssen, um existent zu sein. Für Kelsen ist Naturrecht eine wissenschaftliche Unmöglichkeit. Naturrecht könne es nur auf Basis des Glaubens an einen Gott geben, dessen Wille nicht nur transzendent, sondern auch der Welt immanent ist. Damit wäre die Sein-Sollen-Schranke aufgehoben.

12 Schlussbetrachtung

Es gilt, Bilanz zu ziehen im 80. Lebensjahr. Bin ich nun zufrieden?

Ein unpassender Ausdruck. Niemand ist ganz zufrieden. Freunde und Weggenossen sterben oder haben massive gesundheitliche Probleme oder sie sind einsam. Manche erzählen ständig dieselben Geschichten, ohne es zu merken.

Ich habe in meinem eigenen persönlichen Umfeld langes und qualvolles Sterben miterlebt. Ein schwerer Unfall im Sommer 2008 und eine dramatische Herzoperation im Jahr darauf machen nachdenklich.

Aus dem aktiven Berufsleben bin ich längst herausgetreten. Meine ehrenamtliche Tätigkeit in der Hofburg ist wunderschön, und ich bin unendlich dankbar dafür. Aber es ist evident, dass es auch ohne mich ginge. Ohne Leiter des Verfassungsdienstes und ohne Präsidenten des Verfassungsgerichtshofes hingegen geht es nicht. Und in der Präsidentschaftskanzlei braucht es einen Kabinettsdirektor und viele andere hauptberufliche Funktionäre. Die Tätigkeit als Berater für verfassungsrechtliche Fragen beruht auf einer überaus schätzenswerten persönlichen Beziehung.

Ich habe keine Kinder und keine Enkel. Meine Familienmitglieder sind weit verstreut. Aber ich habe eine wesentlich jüngere Ehefrau, die viel erdulden musste, bevor es zur Eheschließung kam. Sie verkörpert alles, was ich mir nur wünschen kann, wenn sie nur etwas weniger temperamentvoll wäre.

Immer wieder habe ich mir das Leben schwerer gemacht als notwendig. Ich denke insbesondere an die Aktionen in der Sache Jörg Haider und in der Sache Natascha Kampusch. Wer macht schon alles richtig. Wenn man aber eine ganz konkrete Vorstellung von Gerechtigkeit hat, muss man zwangsläufig in Konfrontationen eintreten und auch damit rechnen, verspottet zu werden. Der Druck der öffentlichen Meinung wirkt schwer. Schon im Fall des Konfliktes mit

Jörg Haider hatte ich einen Teil derselben gegen mich, wie die Pressezitate zeigen. Noch viel massiver allerdings im Fall Kampusch, wo ich gleich dreifach angegriffen wurde: wegen Missachtung des Opfers, wegen Beleidigung der Mutter und wegen Kritik an der Staatsanwaltschaft.

Vielfältige Ehrungen und Auszeichnungen habe ich erfahren: Ehrendoktorate der Universitäten Graz, Osijek (Esseg) und Wroclaw (Breslau), die Ehrenmitgliedschaft der philosophisch-historischen Klasse der Österreichischen Akademie der Wissenschaften, den Franz-Gschnitzer-Preis der Universität Innsbruck. Etliche sichtbare Auszeichnungen habe ich erhalten, insbesondere auch ausländische. Freilich galten sie wohl mehr den von mir ausgeübten Funktionen als persönlichen Verdiensten. Aber das ist nun einmal so bei sichtbaren Auszeichnungen.

Ich bin ein religiöser Mensch. Aber die Botschaft der christlichen Religion ist einfach. Leider hat die katholische Kirche mit scholastischen Methoden ein Menschenbild dogmatisiert, das auf mittelalterlichen Vorstellungen beruht. Wenig glücklich bin ich über den von Papst Johannes Paul II. neu herausgegebenen Katechismus der katholischen Kirche. Dieser Katechismus ist ein Kompendium der ganzen katholischen Glaubens- und Sittenlehre, wie sie sich durch Jahrhunderte entwickelt hat. Ob damit freilich die subjektive Gläubigkeit gefördert wird, darf man bezweifeln. Aber auch sonst ist die systematisierte Gläubigkeit, wie sie sich im Katechismus findet, nicht jedermanns Sache.

Glaubwürdigkeit ist freilich nicht nur ein Problem der Kirchen. Auch der Staat und die Demokratie haben ein Glaubwürdigkeitsproblem, und kein geringes. Darüber könnte man zur Tagesordnung übergehen, würde nicht an die Stelle jeder unglaubwürdig gewordenen Institution eine andere drängen. Der Parlamentarismus ist nicht so allgemein in Gefahr wie in der zwanziger Jahren des vorigen Jahrhunderts, aber die massiven Rufe nach Intensivierung der direkten Demokratie, zum Teil mit indiskutablen Argumenten, müssen schon sehr zu denken geben. Alexis de Toqueville, einer der größten Theoretiker der modernen Demokratie, hat gesagt, eine Idee, die einfach, aber falsch ist, werde sich immer leichter durchsetzen, als eine solche, die richtig, aber kompliziert ist.

Ich bekenne mich zur demokratischen Republik und zum Rechtsstaat. Aber man komme mir nicht damit, dass die Habsburger-Monarchie die Quelle allen Übels gewesen sei. Sie war nicht schlechter als die anderen Monarchien zu ihrer Zeit. Das monarchische Prinzip hat sich in Europa überlebt, außer in Großbritannien, den skandinavischen Staaten, den Benelux-Ländern, in Liechtenstein und in Spanien. Man kann darüber philosophieren, warum gerade dort. Jedenfalls hat das monarchische Prinzip für sich, dass der Monarch nicht der Gunst der Populisten und der Medien nachlaufen muss. Aber menschliche Schwächen zeigen sich dort wie in einem Vergrößerungsglas.

Dazu kommt noch die Allianz von Thron und Altar, die zu manchen Widersprüchen geführt hat. Die Habsburger bedurften der katholischen Kirche zu ihrer Stütze, aber ihr Privatleben hat sich nicht immer nach deren Regeln vollzogen. Erschreckend ist das Beispiel des Kronprinzen Rudolf und der katastrophalen Begleitumstände seiner – standesgemäßen – Eheschließung. Über diese Regeln hat sich der neue Thronfolger Erzherzog Franz Ferdinand hinweggesetzt, mit der geradezu gespenstischen Konsequenz des förmlichen Thronverzichts für seine Nachkommen. Der Rest ist bekannt. Die Monarchie zerbrach an solcher Erstarrung, an der Wertung des Krieges als legitimes Instrument der Politik, der ubiquitären Doppelmoral und dem Nationalitätenproblem. Wobei nur dieses ein österreichisches Spezifikum war.

Aus seiner Sicht mit gutem Grund hat Hitler die Habsburger gehasst. Der kürzlich verstorbene Otto von Habsburg bezeichnete sich selbst als einen der wenigen Menschen, die

»Mein Kampf« von der ersten bis zur letzten Zeile gelesen haben.

Otto von Habsburg über Hitler: *»Der Mann war ja in gewisser Weise ehrlich, er hat offen gesagt, was er mit unsereinem vorhat.«*

Der Legitimismus passt nicht in eine an rationalen Maßstäben orientierte Welt. Man glaube aber nicht, dass es in einer demokratischen Republik immer so rational zugeht. Stichwort: Populismus.

Mit der Teilnahme des Bundespräsidenten, des sozialdemokratischen Bundeskanzlers und des sozialdemokratischen Bürgermeisters von Wien an den Begräbnisfeierlichkeiten für Otto von Habsburg wurde der Schlussstrich unter eine Entwicklung seit 1918 gezogen, die das Haus Habsburg für alles Übel verantwortlich machte. Es gibt keinen Grund für Glorifizierung, aber einen solchen für sachliche Geschichtsbetrachtung. Manche behaupten, der habsburgische Vielvölkerstaat habe primär den Interessen des regierenden Hauses gedient. Aber das ist zu kurz gegriffen. Man denke an die vorbildliche österreichische Gesetzgebung und Verwaltung sowie an die kulturellen Leistungen, die dieser Vielvölkerstaat aufzuweisen hatte, bis nationalistischer Wahn (nicht nur der deutschen Volksgruppe) ihn zerstört hat.

Die Europäische Union konnte erst nach den beiden Weltkriegen zustande kommen, und sie ist wohl zu breit dimensioniert. Was sie aber trotz aller Mängel auszeichnet, ist das Bekenntnis zum Frieden zwischen Staaten, die einander durch Jahrhunderte bekämpft haben. Und das ist alles andere als eine Selbstverständlichkeit.

Mein Leben war voll von Konflikten und Widersprüchen der verschiedensten Art. Ich hoffe, dass im verbleibenden Rest so etwas wie Friede einkehren kann.

Wenn man in sensiblen und kontroversiellen Fragen öffentlich Position bezieht, kann man nicht mit allgemeinem Beifall rechnen. Maßstab muss das persönliche Gewissen sein und bleiben.

Anhang

Bericht zur Lage in Österreich vor der EU-Delegation des französischen Senats[1]

Was ist mit Österreich geschehen? Hat es sich gewissermaßen über Nacht von einem wirtschaftlich und kulturell blühenden Staat zu einem Zentrum des Rassismus und des Fremdenhasses entwickelt?

Ich will versuchen, auf diese Frage eine Antwort zu geben. Jede Vereinfachung wäre falsch; ich möchte auch keineswegs behaupten, dass manche Befürchtungen völlig unbegründet wären. Sie bedürfen aber der sachlich fundierten Analyse. Ich glaube, dazu befugt zu sein, und zwar aus zwei Gründen.

Erstens bin ich seit mehr als 16 Jahren Präsident des österreichischen Verfassungsgerichtshofes und war vorher durch insgesamt 25 Jahre in der Nähe des jeweiligen Regierungschefs tätig, von Julius Raab bis zu Bruno Kreisky.

Zweitens habe ich als Heranwachsender erlebt, was ein totalitäres Regime ist.

Ich kam 1938 in die Volksschule und war am Ende des 2. Weltkrieges 13 Jahre alt. Mein Vater war politisch verfolgt – er war der letzte österreichische Justizminister (vor dem An-schluss) –, und ich habe das Spannungsverhältnis zwischen der Atmosphäre meines Elternhauses und jener der Schule nur allzu deutlich gespürt.

---

1 Die Einladung zu dem Bericht vor der Europa-Delegation des Senats (Délégation du Sénat pour l'Union européenne, 36 Mitglieder) wurde vom vormaligen Präsidenten des französischen Verfassungsrats (Conseil constitutionnel) und jetzigen sozialistischen Senator *Robert Badinter* initiiert; s. a. dessen Ausführungen in der Zeitung »Libération« vom 5./6. Februar 2000, S. 5. Der französische Text des *Adamovich*-Berichts wird veröffentlicht in Revue universelle des droits de l'homme (RUDH) 2000, Heft 3–4. Der hier wiedergegebene deutsche Text ist eine autorisierte Fassung, erstmals publiziert in der Europäischen Grundrechte-Zeitschrift (EuGRZ) 2000, S. 399ff.

Ich wusste auch, dass mein Vater »Feindsender« hörte und welche Strafe darauf stand: Es war Hochverrat und stand unter Todesstrafe. Nur zu gut wusste ich, was die Gestapo ist. Meine Eltern haben mich vor zu engen Kontakten mit Schulkollegen abgeschirmt, weil sie fürchteten, ich könnte plaudern.

Ich kenne also den Nationalsozialismus nicht vom Hörensagen, sondern aus ganz bewusster Erfahrung. Sämtliche (zum Teil sehr schwere) Bombenangriffe der alliierten Luftstreitkräfte auf die Stadt Wien habe ich miterlebt (mehrmals in Lebensgefahr) und natürlich auch die Eroberung der Stadt durch die sowjetische Armee mit allen ihren Konsequenzen.

Mit geschärftem Bewusstsein habe ich die Wiederherstellung der österreichischen Unabhängigkeit im Jahre 1945 verfolgt. Mein Vater hat damals als Berater der Provisorischen Staatsregierung die notwendigen juristischen Maßnahmen vorbereitet; er war übrigens der erste Rektor der Universität Wien nach dem Krieg – und später – so wie ich selbst – Präsident des Verfassungsgerichtshofes.

Aus diesen Gründen darf ich Sie bitten, mir eine gewisse Glaubwürdigkeit zugute zu halten.

Die kleine Republik Osterreich ist einer der Nachfolgestaaten der österreichisch-ungarischen Monarchie, die nach dem Ersten Weltkrieg zusammenbrach. »Ce qui reste, c'est l'Autriche«, sagte Clemenceau zur Aufteilung der Trümmer der Monarchie auf national orientierte neue Staaten. Dem kleinen Österreich hat man im Staatsvertrag von Saint-Germain-en-Laye (10. 9. 1919) versagt, was man den anderen Nachfolgestaaten mit größter Selbstverständlichkeit eingeräumt hat, nämlich das Selbstbestimmungsrecht und damit den Anschluss an das Deutsche Reich. Das hatte zur Folge, dass das Selbstbewusstsein der Republik Österreich äußerst unterentwickelt war; es musste sich minderwertig fühlen. Auch lassen sich Zielsetzungen mit nationalem Charakter auf Dauer nicht durch völkerrechtliche Maßnahmen unterdrücken.

Der Anschlussgedanke war also keineswegs eine Erfindung des Nationalsozialismus, sondern die Konsequenz des immer stärker werdenden nationalstaatlichen Denkens im 19. und 20. Jahrhundert. Die österreichisch-ungarische Monarchie war ja kein Nationalstaat, sondern ein Vielvölkerstaat. Freilich haben keineswegs alle deutschsprachigen Österreicher den Wunsch nach Anschluss mitgetragen, vor allem die nicht, die der Dynastie treu waren. Aber nach dem Zusammenbruch der Monarchie stellen die Befürworter des Anschlusses sicher zunächst die Mehrheit. Das änderte sich für viele, als Hitler in Deutschland zur Macht kam und damit die Gleichsetzung von Anschlussgedanken und Nationalsozialismus bewirkt wurde. Der Nationalsozialismus war natürlich immer für den Anschluss, und er verfügte über die nötige Brutalität, um den Gedanken durchzusetzen. Und daher konnte leicht der Eindruck entstehen, dass die Begeisterung im Jahr 1938 für den vollzogenen Anschluss auch eine solche für den Nationalsozialismus war.

Diese Begeisterung breiter (nicht aller) Bevölkerungsschichten für den vollzogenen Anschluss hat den Österreichern den zweifelhaften Ruf eingetragen, ein Volk von Nazis zu sein. In dieser Form sicher zu Unrecht, denn österreichische Patrioten haben viele Konzentrationslager gefüllt.

Gehen wir über zur Gegenwart. Am 3. Oktober 1999 fanden in Österreich Nationalratswahlen statt, die der sozialdemokratischen SPÖ (Sozialistische Partei Österreichs, seit 1970 Regierungspartei) Verluste, der konservativen ÖVP (Österreichische Volkspartei, seit 1987 Regierungspartei) ein leicht unter dem Stimmenanteil der vorangegangenen Wahl liegendes Ergebnis und der FPÖ (Freiheitliche Partei Österreichs) sowie auch den Grünen beträchtliche Gewinne brachten. Nach Sondierungsgesprächen zwischen den politischen Parteien begannen Koalitionsverhandlungen zwischen SPÖ und ÖVP, die aber am 21. Jänner 2000 scheiterten. Der im Auftrag des Bundespräsidenten unternommene Versuch des SPÖ-Vorsitzenden Klima zur Bildung einer Minderheitsregierung scheiterte ebenfalls; die ÖVP begann – ohne Auftrag des Bundespräsidenten – Koalitionsverhandlungen mit der FPÖ, die zügig vorangingen und zu einem guten Teil die bereits mit der SPO vereinbarten Ergebnisse übernahmen.

Angesichts der Tatsache, dass FPO und ÖVP über je 52 der 183 Mandate im Nationalrat verfügten, musste klar werden, dass der Bundespräsident sich einer Koalition zwischen den genannten Parteien auf Dauer nicht werde verschließen können. Der einzige theoretisch mögliche Ausweg wäre die Auflösung des Parlaments mit der Konsequenz von Neuwahlen gewesen, die aller Wahrscheinlichkeit nach die Problematik noch verschärft hätten.

In dieser angespannten Situation platzte die *Erklärung der portugiesischen Präsidentschaft der Union im Namen von vierzehn Mitgliedstaaten* wie eine Bombe. Sie lautet:

»Heute, Montag, den 31. Januar, informierte der portugiesische Premierminister sowohl den österreichischen Präsidenten wie auch den Kanzler, und der portugiesische Außenminister notifizierte seinem österreichischen Amtskollegen die folgende gemeinsame Reaktion, auf die sich die Staats- und Regierungschefs von XIV Mitgliedstaaten der Europäischen Union für den Fall verständigt haben, dass in Österreich eine Regierung unter Beteiligung der FPO gebildet wird.

– Regierungen von XIV Mitgliedstaaten werden bilaterale offizielle Kontakte auf politischer Ebene mit einer österreichischen Regierung, an der die FPÖ beteiligt ist, weder aufnehmen noch akzeptieren;

– österreichische Kandidaten für Positionen in internationalen Organisationen werden nicht unterstützt;

– österreichische Botschafter in EU-Hauptstädten werden ausschließlich auf technischer Ebene empfangen.

Der portugiesische Premierminister und der Außenminister haben die österreichischen Behörden bereits informiert, dass es mit einer Regierung, an der die FPO beteiligt ist, keinerlei übliche Arbeitsbeziehungen (business as usual) geben wird.

Lissabon, den 31. Januar 2000« (Übersetzung der EuGRZ nach dem englischen Original)

Jedem Kenner des heute erstarkten österreichischen Selbstbewusstseins musste klar sein, dass die beiden in Koalitionsgesprächen begriffenen politischen Parteien sich durch eine solche Drohung nicht würden beeinflussen lassen. Der Bundespräsident hat daher – erkennbar gegen seine Überzeugung — am 4. Februar die »schwarz-blaue« Bundesregierung ernannt.

Der *Bundespräsident veranlasste,* dass dem Koalitionsabkommen die folgende *Präambel* vorangestellt wurde:

Deklaration

Verantwortung für Österreich – Zukunft im Herzen Europas

»Die Bundesregierung bekräftigt ihre unerschütterliche Verbundenheit mit den geistigen und sittlichen Werten, die das gemeinsame Erbe der Völker Europas sind und der persönlichen Freiheit, der politischen Freiheit und der Herrschaft des Rechts zugrunde liegen, auf denen jede wahre Demokratie beruht.

Die Bundesregierung tritt für Respekt, Toleranz und Verständnis für alle Menschen ein, ungeachtet ihrer Herkunft, Religion oder Weltanschauung. Sie verurteilt und bekämpft mit Nachdruck jegliche Form von Diskriminierung, Intoleranz und Verhetzung in allen Bereichen. Sie erstrebt eine Gesellschaft, die vom Geist des Humanismus und der Toleranz gegenüber den Angehörigen aller gesellschaftlichen Gruppen geprägt ist.

Die Bundesregierung arbeitet für ein Österreich, in dem Fremdenfeindlichkeit, Antisemitismus und Rassismus keinen Platz finden. Sie wird jeder Form von menschenverachtendem Gedankengut und seiner Verbreitung konsequent entgegentreten und sich für die volle Beachtung der Rechte und Grundfreiheiten von Menschen jeglicher Nationalität einsetzen – gleichgültig aus welchem Grund sich diese in Osterreich aufhalten. Sie bekennt sich zu ihrer besonderen Verantwortung für einen respektvollen Umgang mit ethnischen und religiösen Minderheiten.

Die Bundesregierung unterstützt die Charta der europäischen politischen Parteien für eine nichtrassistische Gesellschaft und verpflichtet sich, auf die vorbildliche Verwirklichung der in dieser enthaltenen Grundsätze in Osterreich hinzuwirken.

Die Bundesregierung bekennt sich zum Schutz und zur Förderung der Menschenrechte und setzt sich für ihre bedingungslose Realisierung auf nationaler wie auf internationaler Ebene ein. Dies ist auch ein wichtiger Beitrag, um vorbeugend Kriege und interne Konflikte zu verhindern, die Menschen in ihren Rechten verletzen, vertreiben oder zum Verlassen ihrer Heimat zwingen.

Die Bundesregierung bekennt sich zu den allen Mitgliedstaaten der Europäischen Union gemeinsamen Prinzipien der pluralistischen Demokratie und der Rechtsstaatlichkeit, wie sie auch in der österreichischen Verfassung verankert sind und die Voraussetzung für die Mitgliedschaft im Europarat bilden. Die in Österreich verfassungsmäßig garantierten, in der Europäischen Menschenrechtskonvention niedergelegten Rechte und Freiheiten sind klarer Ausdruck dieses Bekenntnisses.

Die Bundesregierung bekennt sich zum Friedensprojekt Europa. Die Zusammenarbeit der Koalitionsparteien beruht auf einem Bekenntnis zur Mitgliedschaft Österreichs in der Europäischen Union, Die Bundesregierung ist den allen Mitgliedstaaten der Europäischen Union gemeinsamen Grundsätzen der Freiheit, der Demokratie, der Achtung der Menschenrechte und Grundfreiheiten sowie der Rechtsstaatlichkeit verpflichtet, wie sie im Artikel 6 des Vertrages über die Europäische Union festgeschrieben sind. In der Vertiefung der Integration und der Erweiterung der Union liegt auch Österreichs Zukunft. Österreichs Geschichte und geopolitische Lage sind ein besonderer Auftrag, den Integrationsprozess voranzutreiben und den europäischen Gedanken noch stärker im Alltag der Menschen zu verankern. Besonderes Gewicht zur Sicherung des Friedens und der Stabilität im 21. Jahrhundert wird der transatlantischen Partnerschaft zukommen.

Der Europäischen Union als Wertegemeinschaft entspricht auch ein bestimmtes Konzept der künftigen Entwicklung der europäischen Integration. Dazu gehören insbesondere die Arbeiten an der Charta der politischen und sozialen Grundrechte. Österreich unterstützt die weiteren Arbeiten zur Bekämpfung jeglicher Form von Diskriminierung im Sinne von Artikel 13 des EU-Vertrages.

Eine lebendige Kultur der Demokratie und der Rechtsstaatlichkeit erfordert ein Verhältnis zwischen Staat und Bürgern, das dem Einzelnen neue Freiheits- und Verantwortungsräume schafft. Im modernen Leistungsstaat gibt es Aufgaben, die besser vom Einzelnen oder von nichtstaatlichen Akteuren wahrgenommen werden können.

Die Bundesregierung bekennt sich aber mit allem Nachdruck zur solidarischen Sicherstellung sozialstaatlicher Leistungen für jeden Bürger, der die Hilfe und Unterstützung des Staates braucht. Dies gilt insbesondere für Menschen, die an den Chancen der

Modernisierung, die das Leben zunehmend prägt, nicht teilhaben können.

Das Solidaritätsprinzip bedeutet auch, dass auf die Bedürfnisse und Lebensperspektiven künftiger Generationen Rücksicht zu nehmen ist, um faire Chancen für alle Mitglieder der Gesellschaft und ihre Lebensentwürfe zu sichern.

Die Bundesregierung will Österreich als leistungs- und wettbewerbsorientierten Wirtschaftsstandort stärken. Das ist die Basis für die Sicherung bestehender sowie die Schaffung neuer Arbeitsplätze und des Wohlstandes in unserem Land. Gerade Österreichs Beitritt zur Europäischen Union und eine gesicherte Teilnahme an der Währungsunion waren und sind wichtige Voraussetzungen für die Zukunft von Wirtschaft und Arbeit in Österreich.

Die Sozialpartnerschaft hat sich in Österreich als wichtiges Standortinstrument für Wirtschaft und Arbeit bewährt und dadurch zum sozialen Frieden in Österreich beigetragen. Die Bundesregierung bekennt sich zur umfassenden Kooperation mit den Sozialpartnern, empfiehlt aber gleichzeitig die notwendige Reformbereitschaft der Sozialpartnerschaft etwa bei der Reform der Sozialversicherungsträger, einschließlich der Wahl der Versichertenvertreter, und der Stärkung des Servicecharakters der sozialpartnerschaftlichen Einrichtungen.

Die Bundesregierung ist sich bewusst, dass die österreichische Bevölkerung auf ihren großen Leistungen zielstrebig weiter aufbauen und die Stärken Österreichs konsequent weiterentwickeln muss.

Österreich stellt sich seiner Verantwortung aus der verhängnisvollen Geschichte des 20. Jahrhunderts und den ungeheuerlichen Verbrechen des nationalsozialistischen Regimes: Unser Land nimmt die hellen und die dunklen Seiten seiner Vergangenheit und die Taten aller Österreicher, gute wie böse, als seine Verantwortung an. Nationalismus, Diktatur und Intoleranz brachten Krieg, Fremdenhass, Unfreiheit, Rassismus und Massenmord. Die Einmaligkeit und Unvergleichbarkeit des Verbrechens des Holocaust sind Mahnung zu ständiger Wachsamkeit gegen alle Formen von Diktatur und Totalitarismus.

Das Vorhaben der Europäischen Union eines breiten, demokratischen und wohlhabenden Europas, zu dem sich die Bundesregierung vorbehaltlos bekennt, ist die beste Garantie gegen eine Wiederkehr dieses dunkelsten Kapitels der österreichischen Geschichte.

Die Bundesregierung bekennt sich zur kritischen Auseinandersetzung mit der NS-Vergangenheit. Sie wird für vorbehaltlose Aufklärung, Freilegung der Strukturen des Unrechts und Weitergabe dieses Wissens an nachkommende Generationen als Mahnung für die Zukunft sorgen.

Hinsichtlich der NS-Zwangsarbeit wird die Bundesregierung im Lichte des Zwischenberichts der österreichischen Historikerkommission unter Berücksichtigung der primären Verantwortung der betroffenen Unternehmen um sachgerechte Lösungen bemüht sein.

Die Regierungsparteien bekennen sich zu einer neuen Form des Regierens und der Zusammenarbeit. Sie wollen Probleme lösen, Herausforderungen bewältigen und konsequent Chancen nützen, weil sie der Zukunft Österreichs in Europa verpflichtet sind. Österreich wird als stabiles, verlässliches und partnerschaftliches Land seinen Beitrag für ein friedliches und sicheres Miteinander in Europa und der Welt leisten.

Wien, am 3. Februar 2000«

(Dr. Wolfgang Schüssel) (Dr. Jörg Haider)

Die *EU-Kommission* hat dann die folgende Erklärung veröffentlicht:

»Die Kommission nimmt die Erklärung der portugiesischen Präsidentschaft im Namen von 14 Mitgliedstaaten der Union zur Kenntnis und teilt die ihr zugrunde liegende Besorgnis.

Die Kommission wird weiterhin ihre Pflichten als Hüterin der in den Verträgen, insbesondere in den Artikeln 6 und 7 des Amsterdamer Vertrags, enthaltenen Normen und Werte erfüllen, die festlegen, dass die Union auf den Prinzipien der Freiheit, der Demokratie, der Achtung der Menschenrechte und Grundfreiheiten sowie der Rechtsstaatlichkeit beruht.

Im gegenwärtigen Stadium ist die Funktionsfähigkeit der europäischen Institutionen nicht berührt. In diesem Zusammenhang wird die Kommission, in engem Kontakt mit den Regierungen der Mitgliedstaaten, die Entwicklung der Lage aufmerksam verfolgen, wobei sie ihre Arbeitsbeziehungen mit den österreichischen Behörden aufrechterhalten wird.« (Übersetzung der EuGRZ)

Der Vertrag von *Amsterdam* über die Europäische Union, der am 2. Oktober 1997 unterzeichnet wurde, legt in seinem Art. 6 fest:

»(1) Die Union beruht auf den Grundsätzen der Freiheit, der Demokratie, der Achtung der Menschenrechte und Grundfreiheiten sowie der Rechtsstaatlichkeit; diese Grundsätze sind allen Mitgliedstaaten gemeinsam.

Die Union achtet die Grundrechte, wie sie in der am 4. November 1950 in Rom unterzeichneten Europäischen Konvention zum Schutze der Menschenrechte und Grundfreiheiten gewährleistet sind und wie sie sich aus den gemeinsamen Verfassungsüberlieferungen der Mitgliedstaaten als allgemeine Grundsätze des Gemeinschaftsrechts ergeben.

Die Union achtet die nationale Identität ihrer Mitgliedstaaten.

Die Union stattet sich mit den Mitteln aus, die zum Erreichen ihrer Ziele und zur Durchführung ihrer Politiken erforderlich sind.«

Ohne Zweifel werden hier Grundwerte postuliert, die für alle Staatsorgane bindend sind. Nicht zufällig ist von Prinzipien die Rede. Sie sind sicher bei der Interpretation aller Rechtsvorschriften zu beachten.

Von besonderem Interesse ist der Hinweis auf die Europäische Menschenrechtskonvention. Sie hat – ebenso wie ihre Zusatzprotokolle – in Österreich Verfassungsrang und ist unmittelbar anwendbar. Die darin garantierten Rechte sind in der Judikatur des Verfassungsgerichtshofes den innerstaatlich garantierten Rechten völlig gleichgestellt. Zum Internationalen Abkommen über die Beseitigung aller Formen der rassischen Diskriminierung gibt es ein eigenes Durchführungsgesetz im Verfassungsrang, das ebenfalls vor dem Verfassungsgerichtshof direkt anwendbar ist.

Die juristische Tragweite der im Art. 6 des Vertrages von Amsterdam festgesetzten Prinzipien steht außer Diskussion. Sie sind identisch mit den Grundprinzipien der österreichischen Verfassungsordnung, die nach der Judikatur des österreichischen Verfassungsgerichtshofes auch nicht durch gewöhnliches Verfassungsgesetz geändert werden dürfen.

Nicht ganz so klar ist es, wieweit die erwähnten Prinzipien über die juristische Verpflichtung hinaus auch einen Verhaltenskodex im Sinne einer politischen Ethik begründen und auch dort anwendbar sind, wo es sich nicht um rechtlich formalisierte Staatsakte handelt. Ich zögere nicht, dies zu bejahen. Aber damit ist die Frage noch nicht beantwortet, welche Sanktionen im Fall erwiesener oder vermuteter Verstöße ergriffen werden sollten. Das uralte Problem des Verhältnisses von Recht und Moral, von Rechtswissenschaft und Ethik ist hier angesprochen.

Zuvor aber will ich mich mit der Rolle des österreichischen Verfassungsgerichtshofes als Garanten der im Art. 6 des Vertrages von Amsterdam festgelegten Grundwerte beschäftigen. Begreiflicherweise bezieht sich die Kompetenz des Verfassungsgerichtshofes nur auf Akte, die juristisch dem Staat zuzuordnen sind. In dieser Hinsicht aber ist seine Kompetenz umfassend; nur Akte der ordentlichen Gerichtsbarkeit unterliegen nicht seiner Kontrolle, wohl aber alle Gesetze, Verordnungen und Einzelentscheidungen von Verwaltungsbehörden. Diese Kontrolle steht nicht nur auf dem Papier; ich werde ihre Effizienz sogleich mit nüchternen Zahlen belegen. Sie umfasst gerade auch die besonders sensiblen Fragen aller Formen von Diskriminierung. Jeder Minister des Bundes oder eines Landes kann vom zuständigen Gesetzgebungsorgan (Nationalrat oder Landtag) beim Verfassungsgerichtshof wegen Gesetzesverletzung angeklagt werden; die Folge eines verurteilenden Erkenntnisses ist der Amtsverlust (Art. 142 Abs. 4 Bundes-Verfassungsgesetz, B-VG).

Methodisch orientiert sich die Judikatur – jener des Europäischen Gerichtshofes für Menschenrechte folgend – sehr stark an übergeordneten Prinzipien.

Ganz wichtig ist die Erkenntnis, dass fast 90 % der Entscheidungen des Verfassungsgerichtshofes auf Initiativen von Einzelpersonen (sehr häufig von Ausländern) zurückgehen.

Bei objektiver Betrachtung ist also die Garantie für die wirksame Kontrolle der in Österreich gesetzten Staatsakte durch den Verfassungsgerichtshof bei strikter Beobachtung der im Art. 6 des Vertrages von Amsterdam festgelegten Prinzipien gegeben. Eine Beseitigung der Verfassungsgerichtsbarkeit kann meines Erachtens nicht einmal als dem obligatorischen Referendum unterliegende Gesamtänderung (der Verfassung) vorgenommen werden, sie wäre ein revolutionärer Akt und ein Verfassungsbruch.

Der österreichische Verfassungsgerichtshof ist mit den vollen richterlichen Garantien der Unabhängigkeit und Unversetzbarkeit ausgestattet. Es gibt keine Funktionsperiode, sondern nur eine Altersgrenze; die Mitglieder scheiden zu Ende des Jahres aus, in dem sie das 70. Lebensjahr vollendet haben. Davon abgesehen kann ein Mitglied nur durch Entscheidung des Verfassungsgerichtshofes selbst aus gesetzlichen Gründen mit Zweidrittelmehrheit abberufen werden. Einen solchen Fall hat es noch nie gegeben.

Erst in der Jahreswende 2002/2003 werden Stellen im Verfassungsgerichtshof neu zu besetzen sein. Derzeit gibt es kein einziges Mitglied oder Ersatzmitglied, das in einem Nahverhältnis zur FPÖ stünde.

Die Kompetenzen des Verfassungsgerichtshofes sind in der Bundesverfassung selbst geregelt. Sie umfassen die Prüfung von Gesetzen auf ihre Verfassungsmäßigkeit, von Verordnungen auf ihre Gesetzmäßigkeit, der Gesetzmäßigkeit von Wahlen, die Erklärung des Mandatsverlusts für Mitglieder gesetzgebender Organe und schließlich die Entscheidung über Verwaltungsakte, in denen der Betroffene behauptet, in einem verfassungsgesetzlich gewährleisteten Recht verletzt zu sein. Auf diesen letzteren Kompetenztypus entfallen ca. 85 % der anhängigen Fälle. Das Beschwerderecht ist nicht an die Österreichische Staatsbürgerschaft geknüpft.

Prüfungsmaßstab für den Verfassungsgerichtshof ist jede Norm, die in Verfassungsrang steht. Dies ist der Fall bei den Bestimmungen des Art. 9 des Staatsvertrages von Wien, der die Auflösung nazistischer Organisationen zum Gegenstand hat, und bei den Strafbestimmungen des Verbotsgesetzes, die sich gegen jede Form der nationalsozialistischen Wiederbetätigung richten.

In zwei grundlegenden Entscheidungen vom 29. November 1985 [= EuGRZ 1986, 138] und vom 3. März 1987 hat sich der Verfassungsgerichtshof mit der Tragweite der erwähnten Bestimmungen des Verbotsgesetzes beschäftigt, in beiden Fällen zum Nachteil einer als neonazistisch eingestuften Organisation. Er hat klargestellt, dass sie auch dort unmittelbar anzuwenden sind, wo eine Rechtsvorschrift sie nicht ausdrücklich zitiert. Das bedeutet im Einzelnen:

Auch wenn eine Rechtsvorschrift nicht ausdrücklich aussagt, dass eine als nationalsozialistisch zu wertende Gruppierung zu einer Wahl nicht antreten darf, ist diese Gruppierung dennoch am Verbotsgesetz zu messen; sollte das Programm einen solchen Verstoß erkennen lassen, darf sie zur Wahl nicht zugelassen werden.

Das österreichische Verfassungsrecht kennt kein ausdrückliches Verbot einer politischen Partei. Die Gründung politischer Parteien ist frei, sofern sie nicht verfassungswidrig sind. Politische Parteien, deren Satzung gegen das Verbotsgesetz verstößt, kommen aber juristisch als Partei überhaupt nicht zustande, sind also rechtlich inexistent.

Sollte ein Mitglied eines gesetzgebenden Organs wegen nationalsozialistischer Wiederbetätigung verurteilt werden oder sollte die politische Gruppierung, von der es nominiert wurde, ihrerseits in den Verdacht der Wiederbetätigung oder auch des Rassismus geraten, so hätte der Vertretungskörper beim Verfassungsgerichtshof einen Antrag zu stellen, den oder die betroffenen Abgeordneten des Mandats verlustig zu erklären.

Wäre die FPÖ eine rassistische Partei, so wäre sie verfassungswidrig, weil gegen das Bundesverfassungsgesetz vom 3. Juli 1973 zur Durchführung des Internationalen Abkommens über die Beseitigung aller Formen rassischer Diskriminierung verstoßend. Ein in der Öffentlichkeit gegen die FPÖ erhobener Vorwurf des Rassismus (so Minister Gayssot[2] in Brüssel und die Präsidentin

2 *Anm. d. Red.:* Jean-Claude Gayssot, Transportminister seit Juni 1997 (Kommunistische Partei Frankreichs)

Fontaine[3] in Wien) wiegt also außerordentlich schwer und müsste bewiesen werden.

Um die Bedeutung der Gesetzesprüfung in der Judikatur des Verfassungsgerichtshofes deutlich zu machen, *sei* auf einige statistische Zahlen aus dem Jahr 1999 verwiesen. In diesem Jahr sind insgesamt 35 Gesetzesbestimmungen in Prüfung gezogen worden, davon wurden 23 zumindestens teilweise aufgehoben. Von den 18 Bestimmungen, die von Amts wegen in Prüfung gezogen wurden, sind 17 wenigstens teilweise aufgehoben worden.

Im Jahr 1991 wurde die Rechtslage auf dem Gebiet des Fremdenrechts vollkommen neu gestaltet. Seither sind in 8 Gesetzesprüfungsverfahren Bestimmungen auf diesem Gebiet als verfassungswidrig aufgehoben worden. In ungefähr 200 Fällen wurden Entscheidungen von Verwaltungsbehörden auf dem Gebiet des Fremdenrechts als verfassungswidrig aufgehoben.

Der Verfassungsgerichtshof wird mit Sicherheit seine Prüfungspraxis fortsetzen, welche Regierung auch immer sich im Amt befindet.

Auf der juristischen Ebene ist also alles in bester Ordnung: Aber damit ist das Problem, das uns alle bewegt, nicht gelöst. Was die 14 EU-Staaten zu ihrem Beschluss von Lissabon bewogen hat, sind ja gerade keine juristisch fassbaren Vorgänge. Vielmehr geht es um einen Verdacht, der sich auf Äußerungen und Erfahrungen stützt, die nicht dem staatlichen Handeln zuzuordnen sind.

Dennoch handelt es sich bei dem Beschluss von Lissabon um ein juristisches Dokument, und zwar aus zwei Gründen: Es werden im zwischenstaatlichen Verkehr stattfindende Sanktionen angekündigt, für den Fall eines österreichischen Staatsaktes, nämlich der Berufung von FPÖ-Ministern in die österreichische Bundesregierung. Eine Begründung wird nicht ausdrücklich gegeben, aber es liegt auf der Hand, dass sie in der Einschätzung der FPÖ am Maßstab der politischen Ethik zu sehen ist. Es wird also eine juristisch gefasste Sanktion an ein ethisch fundiertes Urteil geknüpft.

---

3 *Anm. d. Red:* Nicole Fontaine, Präsidentin des Europäischen Parlaments seit Juli 1999 (UDF, Union pour la démocratie française; im EP: Fraktion der Europäischen Volkspartei [Christdemokraten] und europäische Demokraten [Konservative]).

Ich behaupte keineswegs, dass dies nicht zulässig sei. Doch sollte eine derartige Sanktion in einem rechtlich geordneten Verfahren zustande kommen und die Frage ihrer Aufrechterhaltung in einem solchen Verfahren geprüft werden. Genau das hat der österreichische Bundespräsident am 20. März in einem Schreiben an die amtierende Präsidentschaft der EU zum Ausdruck gebracht.

Bisher habe ich in meiner Eigenschaft als Präsident des Österreichischen Verfassungsgerichtshofes gesprochen. Was nun folgt, sind Ausführungen eines interessierten Staatsbürgers, der sich als Patriot versteht.

Wie ist die politische Situation in Österreich seit der Regierungsbildung der FPÖ zu sehen?

Beginnen wir mit offenkundig negativen Aspekten. Da ist die Persönlichkeit des derzeit noch (bis 1. Mai) amtierenden Parteiobmannes. Seine Äußerungen sind sprunghaft, widersprüchlich und manchmal unverzeihlich. Dies gilt im Besonderen für solche Äußerungen, die man mit Recht als Verharmlosung des Nationalsozialismus bewerten kann.

Es wäre aber ein Fehler, seine Persönlichkeit auf das eben Gesagte zu reduzieren. Er ist auch ein Showman, der den Zeitgeist erfasst hat und meisterlich mit diesem umzugehen versteht. Er zielt unter anderem auf jenen Teil der Gesellschaft, in der Erfolg der Gradmesser der persönlichen Qualität ist und Rücksichtnahme als Schwäche ausgelegt wird. Er zielt freilich genauso (das ist das eigentlich Paradoxe) auf die Bedürfnisse der »kleinen Leute«, die im Schatten dieser Gesellschaft stehen. Äußerungen, die den Nationalsozialismus verharmlosen, sind selten, aber fallen besonders auf. Hier macht sich zweifellos sein familiärer Hintergrund[4] bemerkbar. Dennoch halte ich jeden Vergleich mit Hitler für unangebracht. Man muss vor allem die vollkommen geänderte wirtschaftliche Situation sehen; Österreich hat sowohl eine sehr

4 *Anm. d. Red.:* Haiders Vater war in der SA aktiv. Cf. Haider-Interview mit der Wochenzeitung »Die Zeit« Nr. 6/2000, auszugsweise wiedergegeben in: Hubertus Czernin (Hrsg.), Wofür ich mich meinetwegen entschuldige / Haider beim Wort genommen, 2. Aufl., Wien 2000, ISBN 3-7076-0040-8.

geringe Arbeitslosenrate (6,6 % im März 2000) als auch eine sehr geringe Inflationsrate (1,9 % im März 2000). Niemand denkt daran, dies durch imperialistische Aktionen aufs Spiel zu setzen. Nur: der Wohlstand fördert leider den Egoismus und den Neid, gerade bei solchen, die sich diesen Wohlstand mühsam erkämpft haben, und mit diesen Emotionen kann man spielen. Die Österreicher haben freilich immer wieder große Hilfsbereitschaft auch gegenüber dem Ausland bewiesen, insbesondere im Fall der Vorgänge auf dem Balkan. Ein Klischee ist also fehl am Platz. In seiner Eigenschaft als Landeshauptmann von Kärnten hat Haider bisher keine notorischen Rechtsverletzungen gesetzt, von Gewaltakten kann keine Rede sein.

Ein zweiter negativer Punkt ist die Förderung der Ausländerfeindlichkeit im Wahlkampf, besonders in Wien. Hier werden negative Emotionen gefördert, vor allem Neid und Angst. Zur Gewalttätigkeit wird nicht aufgerufen, und sie ist auch so gut wie inexistent. Verbale Entgleisungen freilich kommen vor. Nicht zufällig hat der Bundespräsident zwei von der FPÖ für die Funktion des Ministers vorgeschlagene Persönlichkeiten wegen ihrer Rolle im Wiener Wahlkampf nicht zu Ministern ernannt.

Rassistische Äußerungen sind mir nicht bekannt. Haider selbst ist da überaus vorsichtig.

Dennoch kann man weder eine gewisse Verharmlosung des Nationalsozialismus noch die Förderung der Fremdenfeindlichkeit leugnen.[5] Ich glaube aber nicht (und weiß mich damit einig mit Experten auf dem Gebiet der Meinungsforschung), dass die von Wahl zu Wahl zunehmenden Erfolge der FP in erster Linie mit diesen Phänomenen zu tun haben.

Es darf nicht übersehen werden, dass eine ganz wesentliche Angriffslinie der FPÖ sich gegen das System der Koalition zwischen SPÖ und ÖVP und die damit verbundenen Probleme gerichtet hat. Nicht von ungefähr pflegte man in Anlehnung an die Terminologie der österreichisch-ungarischen Monarchie von den »zwei

---

5 *Anm. d. Red.:* Cf. die Passagen in dem Urteil Haider gegen Pelinka des Landesgerichts für Strafsachen Wien vom 11. Mai 2000, EuGRZ 2000, S. 392 (394 ff).

Reichshälften« zu sprechen, in denen sich diese beiden Parteien ihre Einflusssphäre aufgeteilt haben. Und wichtige Funktionen in Verwaltung und Wirtschaft wurden nach dem Proporzsystem vergeben; Außenseiter hatten kaum eine Chance. Die FPÖ hat auch einen energischen Kampf gegen sonstige echte oder vermutete Privilegien geführt und damit vor allem in ärmeren Bevölkerungsschichten beachtliche Resultate erzielt.

Die oft rüde und unqualifizierte Sprache Haiders verdeckt einen positiven Aspekt, den man nicht übersehen sollte. Es geht um den Begriff der Nation. Ganz anders als in Frankreich hat es eine mit dem Volk identische einheitliche Nation in der österreichisch-ungarischen Monarchie nicht gegeben. Das erklärt, warum seit der Revolution von 1848 der Kampf um die Konstitution und um die Nation einen und denselben Gegner hatte: Thron und Altar. Wenn man im deutschsprachigen Teil Österreichs den Begriff »Nation« verwendete, meinte man selbstverständlich die deutsche Nation. Eine ganz wesentliche Rolle in diesem Kampf spielten die Burschenschaften, die deutsch-nationalen Studentenverbindungen.

Nun hat sich Haider, selbst Burschenschafter, ausdrücklich von der »Deutschtümelei« distanziert. Ob es eine österreichische Nation gibt, ist auch heute noch fragwürdig, weil die deutsche Sprache und die deutsche Literatur ein einheitliches Ganzes bilden. Aber die Zeiten sind vorbei, auch für die FPÖ, in denen Deutschland das große Ziel aller Emotionen und Sehnsüchte der »Nationalen« war. Insofern ist die Geschichte weitergegangen. Da und dort mag es noch eine romantische Nostalgie geben, aber keine politische Zielsetzung.

Kein Zweifel, dass manche Verhaltensweisen der FPÖ unter dem Aspekt der politischen Ethik bedenklich sind. Sanktionen gegen die FPÖ und eine Fortsetzung der seit 1986 bestehenden Ausgrenzung hätten aber nur allzu leicht das Argument gefördert, dass man auf diese Weise einen unbequemen Kritiker des bestehenden Systems mundtot machen will. Immer wieder hat Haider seinen Kritikern gegenüber geäußert, dass sie ihm nur den Erfolg neiden. Bruno Kreisky, während dessen Kanzlerschaft die FPÖ nur eine geringe Rolle gespielt hat, hat nicht von ungefähr stets vor Ausgrenzung gerade aus dem eben erwähnten Grund gewarnt.

Die Relation zwischen Demokratie und politischer Ethik ist ein Zentralproblem der Staatsphilosophie, das wohl nie in überzeugender Weise wird gelöst werden können. Denn in der Demokratie kann der Wähler nicht Unrecht haben. Anderseits setzt die Demokratie – wie ich kürzlich in einem Vortrag anlässlich der Eröffnung des Gerichtsjahres des Europäischen Gerichtshofes für Menschenrechte in Straßburg hervorgehoben habe – ein optimistisches Menschenbild voraus. Es ist der verantwortungsbewusste Bürger, von dem das Modell der Demokratie ausgeht. Wenn nun der Bürger in seinem Wahlverhalten nicht verantwortungsbewusst reagiert, wie soll man ihn dafür verantwortlich machen? Und wo hört die in einem pluralistischen System notwendige Toleranz auf? Das sind Fragen, die sich durchaus nicht nur im politischen System der Republik Österreich stellen.

Ich meine also, dass die Einbindung der FPÖ in die Regierungsverantwortlichkeit geeignet ist, Verantwortungsbewusstsein gegenüber der Demokratie und Zurückhaltung gegenüber der Polemik zu fördern. Die von der FPÖ gestellten Mitglieder der Bundesregierung sind gewiss unterschiedlich zu bewerten, was ihre Sachkompetenz anlangt; es ist aber niemand darunter, von dem irgendwelche Exzesse bekannt wären. Die Vorstellung, dass man nun mit gehäuftem Rechtsbruch zu rechnen habe, halte ich für absurd. In der Bundesregierung können Beschlüsse nur einstimmig zustande kommen und das bestehende Kontrollsystem wird funktionieren.

Niemand kann natürlich mit Sicherheit sagen, welche Konsequenzen der Rückzug des derzeitigen Parteiobmannes von dieser Funktion mit sich bringen wird. Aber ich halte vorsichtigen Optimismus für nicht unangebracht. Ich möchte nochmals daran erinnern, dass der Gedanke des Anschlusses an Deutschland heute tot ist und dass praktisch gesehen nur die Wahl zwischen europäischer Orientierung und einem forcierten österreichischen Nationalismus (möglicherweise mit nicht vorhersehbaren Allianzen) besteht. Dieser österreichische Nationalismus kann sich natürlich auch auf die wirtschaftlichen und kulturellen Erfolge seit 1945 berufen. Europa tut gut daran, Österreich zu integrieren und nicht zu isolieren.

Gewonnen hat – so paradox es klingen mag – die österreichische Demokratie durch die jüngsten Vorgänge. Denn noch niemals ist in Österreich so viel und in allen Gesellschafts- und Altersklassen über Politik diskutiert worden wie heute. Wenn man bedenkt, dass Politikmüdigkeit sehr häufig ein Zeichen mangelnder Demokratiebereitschaft ist, stellt dies ein positives Signal dar.

Ich habe zu Beginn über das Streben Österreichs zu einem Anschluss an Deutschland gesprochen, das in verhängnisvoller Weise vom Nationalsozialismus realisiert wurde. Ein solches Streben nach Anschluss an Deutschland gibt es heute nicht mehr; es ist durch das europäische Denken völlig verdrängt worden. Freilich steht diesem europäischen Denken ein manchmal überzogenes nationales österreichisches Selbstbewusstsein gegenüber, das es in der Zeit zwischen den beiden Weltkriegen nicht gegeben hat. Wenn man nun Österreich im Rahmen der EU in die Rolle des Außenseiters drängt, wird das Selbstbewusstsein angesprochen. Ich halte die – immer wieder postulierte – Trennung von Sanktionen gegen die Regierung einerseits und gegen den Staat und seine Bevölkerung anderseits für ein theoretisches Konstrukt. Man darf ja nicht vergessen, dass es die amtierende Bundesregierung ohne das Wahlresultat vom 3. Oktober nicht gäbe. Wer hat gewählt? Das österreichische Volk. Indirekt attestieren also die Sanktionen – mag das nun beabsichtigt sein oder nicht – der Mehrheit des österreichischen Volkes ethische Minderwertigkeit. Man trifft die Menschen hier an einer sehr empfindlichen Stelle. Denn gerade dieses Gefühl der Minderwertigkeit war ja eines der treibenden Momente für den Ruf nach Anschluss. Ein solcher Ruf ist heute nicht mehr zu erwarten, wohl aber ein Rückzug in die Position des Beleidigten, des zu Unrecht Verfolgten. Und das kann heute nicht vorhersehbare Konsequenzen haben.

Ich glaube, dass die 14 Staaten, die die Sanktionen beschlossen haben, sich an Ort und Stelle in geeigneter Weise ein Bild von der Lage in Österreich machen sollten. Man wird mit Sicherheit jeden Kontakt mit den unterschiedlichsten Bevölkerungsgruppen ermöglichen.

Erlauben Sie mir zuletzt zwei kritische Fragen.

Entspricht es wirklich den Grundwerten der EU, wenn die Regierungen von 14 Mitgliedstaaten den Dialog mit der Regierung des 15. Mitgliedstaates verweigern? Ist doch der Dialog die Basis der Demokratie.

Entspricht es wirklich den Grundwerten der EU, einer politischen Partei, die sich zugegebenermaßen im Zwielicht befindet, jede Besserungsfähigkeit abzusprechen? Jedem schwer erziehbaren Kind, ja sogar jedem Verbrecher gesteht man das heute zu.

Man sollte nicht mit dem Argument des Humanismus eine Haltung einnehmen, die selbst nur schwer als humanistisch gewertet werden kann.

Beschluss des Verfassungsgerichtshofes vom 5. Januar 2002

Verfassungsgerichtshof 1010 Wien,
Judenplatz 11 DV 1/01 – 10

BESCHLUSS:

Der Verfassungsgerichtshof hat unter dem Vorsitz des Vizepräsidenten Dr. Korinek in Anwesenheit der Mitglieder Dr. Berchtold-Ostermann, Dr. Gottlich, Dr. Heller, Dr. Holzinger, Dr. Kahr, Dr. Lass, Dr. Liehr, Dr. Morscher, Dr. Müller, Dr. Oberndorfer, DDr. Ruppe und Dr. Spielbüchler als Stimmführer, im Beisein der Schriftführerin Dr. Elhenicky, in seiner nichtöffentlichen Sitzung vom 5. und 6. Jänner 2002 gemäß § 10 Abs. 2 VfGG beschlossen:

Ein Verfahren zur Amtsenthebung des Präsidenten Dr. Ludwig Adamovich wird nicht eingeleitet.

Begründung:

1. Nach mehrfach im Zusammenhang mit der Erlassung des Erkenntnisses des Verfassungsgerichtshofes vom 13. Dezember 2001, G 213/01, V 62, 63/01, betreffend die Ortstafelregelung im Volksgruppengesetz und zweier Verordnungsstellen, gegen den Präsidenten des Verfassungsgerichtshofes Dr. Ludwig Adamovich in der Öffentlichkeit erhobenen Vorwürfen des Landeshauptmannes von Kärnten Dr. Jörg Haider und Erwiderungen des Präsidenten auf diese Vorwürfe erschien am 19. Dezember 2001 eine Aussendung der Austria Presseagentur (APA) 0313 3 II 0128, gemäß welcher der Landeshauptmann dem Präsidenten des Verfassungsgerichtshofes »unwürdiges Verhalten« vorwarf.

Da der Landeshauptmann von Kärnten ähnliche Behauptungen bereits in der Öffentlichkeit erhoben, und der Präsident des Verfassungsgerichtshofes diesen nachhaltig widersprochen hatte und selbst die Klärung in einem Verfahren nach § 10 VfGG forderte, lag es im rechtsstaatlichen Interesse, zur Wahrung des Ansehens des Verfassungsgerichtshofes und seiner Mitglieder den Sachverhalt zu klären und allfällige Folgen aus dem Ergebnis dieser Klärung zu ziehen.

Der Vizepräsident des Verfassungsgerichtshofes ersuchte daher den Landeshauptmann von Kärnten mit Schreiben vom 19. Dezember 2001, diesen Vorwurf innerhalb einer Woche (beim Gerichtshof spätestens am Donnerstag, dem 27. Dezember d.J., einlangend) zu präzisieren, um eine allfällige Befassung des Gerichtshofes auf einer rechtsstaatlich einwandfreien Grundlage und mit der in dieser Sache zweifellos gebotenen Raschheit vornehmen zu können.

2. Am 27. Dezember 2001 langte beim Verfassungsgerichtshof ein Schreiben des Landeshauptmannes von Kärnten vom 21. Dezember 2001 samt 13 Beilagen ein. Die Beilagen sind Kopien von Presseaussendungen und Zeitungsartikeln. Nach Erläuterung dieser Aussendungen und Zeitungsartikel fasst der Landeshauptmann seine Vorwürfe wie folgt zusammen:

»Ich komme daher nicht umhin, meinen Vorwurf, der Präsident des Verfassungsgerichtshofes habe den Tatbestand der ›Unwürdigkeit‹ erfüllt, aufrechtzuerhalten:

1. Im Zusammenhang mit dem mit mir geführten Gespräch zur Ortstafelfrage hat er in der Öffentlichkeit nachweislich die Unwahrheit gesagt.

2. Um die Objektivität des Verfassungsgerichtshofes nicht zu gefährden, wird ein Gespräch mit der Kärntner Landesregierung abgelehnt, jedoch mit dem Präsidenten einer fremden Staatsmacht im Vorfeld des Erkenntnisses geführt.

3. Die Behauptung, mit Präsident Kučan nicht über die Ortstafelfrage gesprochen zu haben, ist falsch. Das unterstreichen alle Veröffentlichungen in der slowenischen Presse und in den österreichischen Medien. Anderenfalls müßten alle slowenischen und österreichischen Medien ihre Berichte geradezu frei erfunden haben.

4. Unbestritten (Kučan) wurde offenbar zwischen dem Präsi-

denten des Verfassungsgerichtshofes und Präsident Kučan über die Exekution der Verfassungsgerichtshoferkenntnisse zur Amtssprachen- und Ortstafelfrage gesprochen. Das stellt eine besondere Instinktlosigkeit dar, zumal sich ein ausländischer Präsident nicht einzumischen hat, wie höchstgerichtliche Erkenntnisse in Österreich umzusetzen sind.

5. Der Präsident des Verfassungsgerichtshofes ist Mitverfasser und Autor der nunmehr aufgehobenen Volksgruppengesetze. Das ist ein weiteres Beispiel für eine völlig uneinschätzbare und sprunghafte Judikatur des Höchstgerichts in politisch sensiblen Fragen, wie dem Artikel 7 Staatsvertrag von Wien, dessen historische Auslegung wohl auch schon 1976 im Zuge der Abfassung der Volksgruppengesetze 1976 ausreichend festgestanden haben müßte.«

3. Nach Vorliegen dieses Schreibens hat der Vizepräsident am 27. Dezember 2001 das Mitglied des Verfassungsgerichtshofes Dr. Kurt Heller damit betraut, den Präsidenten des Verfassungsgerichtshofes einzuvernehmen. Diese Einvernahme fand am 28. Dezember 2001 statt. Der Präsident des Verfassungsgerichtshofes bestritt die Richtigkeit der Behauptungen des Landeshauptmannes von Kärnten und nahm im Detail zu den einzelnen Vorwürfen Stellung. Ferner legte er 14 Anlagen zur Untermauerung seiner Ausführungen vor, die dem Protokoll der Einvernahme angeschlossen wurden.

4. In der nichtöffentlichen Sitzung vom 5. Jänner 2002 wurde gemäß § 10 Abs. 2 VfGG der Generalprokurator Dr. Friedrich Hauptmann – dem zur Vorbereitung sämtliche Unterlagen übermittelt worden waren – angehört und sodann dem Präsidenten des Verfassungsgerichtshofes Gelegenheit zur Stellungnahme gegeben. Präsident Dr. Adamovich legte dabei weitere Unterlagen vor, insbesondere Dokumente, aus denen sich seine Bestellung zum Ordentlichen Universitätsprofessor an der Universität Graz mit 1. Oktober 1974 sowie seine Ernennung zum interimistischen Leiter des Verfassungsdienstes des Bundeskanzleramtes mit 11. Oktober 1976 ergibt.

Aus dem Akt G 213/01, V 62, 63/01 (betreffend die Prüfung des Volksgruppengesetzes sowie zweier Verordnungsstellen) wurde festgestellt, dass der Referent in jenem Verfahren den ersten Beratungsentwurf am 17. November 2001 fertiggestellt und anschließend an die Mitglieder des Verfassungsgerichtshofes verteilt hatte.

Nachdem sich der Präsident und der Generalprokurator entfernt hatten, setzte der Verfassungsgerichtshof die nichtöffentliche Sitzung fort. Er beschloss, gegen den Präsidenten des Verfassungsgerichtshofes kein Verfahren wegen des Verdachtes der Erfüllung des Tatbestandes nach § 10 Abs. 1 lit. c VfGG einzuleiten.

5. Diese Entscheidung gründet sich auf folgende Erwägungen:

5.1 Die Mitglieder des Verfassungsgerichtshofes sind – wie andere Richter – unabhängig. Die Unabhängigkeit von Richtern ist ein wesentliches Element des Rechtsstaatsprinzips, das zu den Grundprinzipien der Verfassung Österreichs als demokratischer Rechtsstaat zählt. Ein wesentliches Element der Unabhängigkeit des Richters ist dessen Unabsetzbarkeit.

Mitglieder des Verfassungsgerichtshofes können – wie andere Richter – nur in den im Gesetz vorgeschriebenen Fällen und Formen und auf Grund eines richterlichen Erkenntnisses ihres Amtes entsetzt werden (Art. 14 7 Abs. 6 B-VG iVm. Art. 87 Abs. 1 und 2 und Art. 88 Abs. 2 B-VG). Die Enthebungsgründe und das Verfahren werden durch Bundesgesetz geregelt.

5.2 Das Verfahren zur Enthebung eines Mitgliedes des Verfassungsgerichtshofes regelt § 10 VfGG. Die hier maßgebenden Teile dieses Paragraphen lauten:

»(1) Ein Mitglied oder Ersatzmitglied ist durch Erkenntnis des Verfassungsgerichtshofes vom Amt zu entheben:

a) ...

b) ...

c) wenn sich das Mitglied (Ersatzmitglied) durch sein Verhalten in oder außer dem Amte der Achtung und des Vertrauens, die sein Amt erfordert, unwürdig gezeigt oder die Verpflichtung zur Amtsverschwiegenheit gröblich verletzt hat, oder

d) ...

(2) Das Verfahren zur Enthebung eines Mitgliedes (Ersatzmitgliedes) vom Amte kann in den im Abs. 1 unter lit. a bis c angeführten Fällen nur auf Grund eines nach Vernehmung die-

ses Mitgliedes (Ersatzmitgliedes) durch den Präsidenten oder das vom Präsidenten damit betraute Mitglied des Verfassungsgerichtshofes gefaßten Beschlusses des Verfassungsgerichtshofes eingeleitet werden. Der Beschluß wird in nichtöffentlicher Sitzung nach Anhörung des Generalprokurators gefaßt und hat die Anschuldigungspunkte bestimmt zu bezeichnen … Auf das weitere Verfahren finden die Vorschriften der §§ 15, 16, 18 bis 23 des Richterdisziplinargesetzes vom 21. Mai 1868, RGBl. Nr. 46, sinngemäß Anwendung …

(3) …

(4) Ein Erkenntnis des Verfassungsgerichtshofes nach Abs. 1 kann nur mit einer Mehrheit von wenigstens zwei Dritteln der Mitglieder beschlossen werden und hat auf Enthebung des Mitgliedes (Ersatzmitgliedes) vom Amte zu lauten …«

5.3 Die Einleitung des Amtsenthebungsverfahrens hat durch Beschluss des Verfassungsgerichtshofes zu erfolgen, der mit einfacher Mehrheit der Mitglieder des Verfassungsgerichtshofes in nichtöffentlicher Sitzung zu fassen ist (§ 10 Abs. 2 VfGG). Die qualifizierte Mehrheit von zwei Dritteln ist nur für das Erkenntnis auf Amtsenthebung (§ 10 Abs. 4 VfGG) vorgesehen, wie schon der Hinweis auf Absatz 1 des § 10 und die Verwendung des Wortes Erkenntnis zeigen, während für den Einleitungsbeschluss bzw. einen Beschluss auf Nichteinleitung die allgemeine Bestimmung des § 31 VfGG anzuwenden ist, in dem die einfache Mehrheit vorgesehen ist.

5.4 Ein Einleitungsbeschluss ist dann zu fassen, wenn sich ausreichende Verdachtsmomente ergeben, dass das betroffene Mitglied eine Verfehlung im Sinne des § 10 Abs. 1 lit. c VfGG begangen haben könnte. Für die Fassung des Einleitungsbeschlusses sowie im Falle der Durchführung eines Amtsenthebungsverfahrens des Erkenntnisses sind die (übrigen) Mitglieder des Verfassungsgerichtshofes zuständig (§ 10 Abs. 4 VfGG), also wie bei den beiden anderen Höchstgerichten, Richter jenes Gerichtes, dem der Betroffene angehört (für die Richter des Verwaltungsgerichtshofes § 7 Abs. 2 VwGG; für Richter des OGH § 111 Z 5 RDG).

6.1 Der Generalprokurator gab in der nichtöffentlichen Sitzung folgende Stellungnahme ab:

»Nach der hier allein aktuellen Bestimmung des § 10 Abs. 1 lit. c (erster Fall) VfGG ist ein Mitglied oder Ersatzmitglied durch Erkenntnis des Verfassungsgerichtshofes vom Amt zu entheben, wenn es sich durch sein Verhalten im oder außer dem Amte der Achtung und des Vertrauens, die sein Amt erfordert, unwürdig gezeigt hat. Hiefür bietet das den Präsidenten des Verfassungsgerichtshofes betreffende Schreiben des Landeshauptmannes von Kärnten vom 21. Dezember 2001 keinen Anhaltspunkt. Die darin enthaltenen Vorwürfe haben weder das Gewicht, das für einen Amtsenthebungsgrund vorauszusetzen ist, noch eine hinreichende faktische Untermauerung:

Der erste dem Präsidenten des Verfassungsgerichtshofes gemachte Vorwurf geht dahin, er habe im Zusammenhang mit einem mit dem Landeshauptmann von Kärnten geführten Gespräch zur Ortstafelfrage die Unwahrheit gesagt. Dieser Vorwurf bezieht sich auf ein Interview des Präsidenten Adamovich im ORF-MittagsJournal vom 17. Dezember 2001. Die betreffende Passage lautete: ›Ich habe auch mit dem slowenischen Präsidenten gesprochen, aber gerade weil ich vorher mit dem Landeshauptmann geredet habe. Der hat alle möglichen interessanten Rechtsfragen angesprochen, aber mit keinem Wort diese Ortstafelgeschichte.‹ Präsident Adamovich hat sich – auch in einer durch die APA verbreiteten Berichtigung -darauf berufen, mit letzterem Satz nicht Landeshauptmann Haider, sondern den slowenischen Präsidenten Kučan gemeint zu haben (Blg./F). Dies steht durchaus im Einklang mit dem Interview von Präsident Adamovich, welches in der Kleinen Zeitung vom 16. Dezember 2001 erschien (Blg./B). Diesem zufolge war Landeshauptmann Haider am 27. August (2001) um 15 Uhr bei ihm (und hat ihn solcherart ›im Vorfeld‹ der Ortstafelentscheidung gesprochen).

[Die vom Generalprokurator erwähnte Beilage B betrifft ein in der Kleinen Zeitung vom 16. Dezember 2001 wiedergegebenes Interview mit dem Präsidenten des Verfassungsgerichtshofes, in dem es u. a. wörtlich heißt:

»Haider war am 27. August um 15 Uhr bei mir. Ich habe mitnichten das Gespräch verweigert, das würde ich bei keinem Landeshauptmann tun. Und was den Präsidenten Kučan betrifft, so ist es richtig, dass er mit mir sprechen wollte. Bei diesem Gespräch ist das Wort Ortstafel mit keiner Silbe erwähnt worden.«

Die Beilage F ist eine APA-Aussendung vom 17. Dezember 2001, in der das Missverständnis eines APA-Redakteurs über eine Aussage des Präsidenten korrigiert und klargestellt wurde, dass der Präsident (nicht mit dem slowenischen Staatspräsidenten Kučan) wohl aber mit Dr. Haider über die Ortstafelfrage gesprochen hat.]

Es wäre auch nicht einzusehen, welchen Zweck der Präsident des Verfassungsgerichtshofes mit einer bewusst tatsachenwidrigen Leugnung eines diesbezüglichen Gesprächs mit Landeshauptmann Haider verfolgt haben sollte. Eine solche tatsachenwidrige Behauptung hätte ja gerade den Vorwurf gestützt, wonach Repräsentanten des Landes Kärnten nicht ausreichend Gelegenheit zur Ausführung ihres Standpunktes erhalten hätten.

Da die Vorwürfe 2 bis 4 im Schreiben des Landeshauptmannes Haider jeweils in unmittelbarem Zusammenhang mit dem Gespräch zwischen dem Präsidenten des Verfassungsgerichtshofes und dem slowenischen Staatspräsidenten Kučan anlässlich des Staatsbesuches des Letzteren stehen, sei vorerst erörtert, von welchen Inhalten des Gespräches auszugehen ist; insbesondere, ob auch der Ortstafelstreit selbst Gesprächsgegenstand war. Landeshauptmann Haider meint, dies auf Grund von Pressemeldungen unter Beweis stellen zu können. Bei genauerem Hinblick sind diese Meldungen jedoch eher als Ausdruck einer Erwartungshaltung oder eines Wunschdenkens aufzufassen denn als Tatsachenmitteilungen. Bezeichnend ist, dass ein von Präsident Adamovich konkret vertretener Standpunkt in keiner der Meldungen wiedergegeben ist. Soweit es sich nicht überhaupt nur um Vorankündigungen handelt, begnügen sich die Verfasser mit nichtssagenden Phrasen (siehe Blg./8: ›So konnte sich zwischen ihm – gemeint ist Staatspräsident Kučan – und dem Präsidenten des Verfassungsgerichtshofes ein Gespräch auf allerhöchster Ebene entfalten …‹). Es muss daher den Angaben der beiden Gesprächspartner selbst folgend davon ausgegangen werden, dass – dem zentralen Vorwurf 3 zuwider – die Ortstafelfrage nicht zur Sprache gelangte und die Frage nach der Exekution von Verfassungsgerichtshoferkenntnissen völlig abstrakt, also nicht an Hand konkreter Fälle erörtert wurde.

Unter Bedachtnahme auf dieses Ergebnis bleibt zu den einzelnen Vorwürfen (Punkte 2 bis 4) zu bemerken: Der Vorwurf Punkt 2, im Vorfeld des Ortstafelerkenntnisses ein Gespräch mit der Kärntner Landesregierung abgelehnt, mit dem Präsidenten einer fremden Staatsmacht aber geführt zu haben, ist nicht nur im Hinblick auf die obigen Ausführungen, sondern auch deshalb unhaltbar, weil die von Präsident Adamovich abgelehnte Einladung die Teilnahme an einer Enquete betraf, welche keineswegs der Information der Landesregierung über die Spruchpraxis in der Minderheitenfrage dienen sollte, sondern als vom Institut CIFEM (Carinthian Institute for Ethnic Minorities) organisierte Veranstaltung eines ›Runden Tisches‹ zwischen den drei Landtagsparteien und den Zentralorganisationen der Slowenischen Volksgruppe zur Erarbeitung und Umsetzung konkreter Maßnahmen zum Zwecke der Verbesserung der Situation der Volksgruppe bezeichnet war (Blg./G). Dass Präsident Adamovich die Einladung auch keineswegs mit der von Landeshauptmann Haider behaupteten Begründung ablehnte, nach Verfassungsgerichtshofspraxis führe er weder vor noch nach einem Urteilsspruch Gespräche mit politischen Repräsentanten, ergibt sich gleichfalls aus der bezüglichen Korrespondenz (Blg./H); Präsident Adamovich wies vielmehr auf die klare Formulierung des Erkenntnisses hin, welches im Zusammenhang mit der einschlägigen Vorjudikatur gesehen werden müsse, und erachtete sich zu darüber hinausgehenden Interpretationen (unter Berufung auf einen vom Gerichtshof stets vertretenen Grundsatz) nicht befugt.

[Die Beilage G ist ein Schreiben des Kärntner Landesamtsdirektor-Stellvertreters vom 8. Jänner 2001 mit folgendem Wortlaut:

»Als stellvertretender Landesamtsdirektor bin ich für die Angelegenheiten der Volksgruppe der Kärntner Slowenen verantwortlich. Ich bin aber auch Vorsitzender des im Vorjahr gegründeten ›Carinthian Institute for Ethnic Minorities – CIFEM‹ mit Sitz in Ossiach, welches sich besonders mit den Problemen europäischer Minderheiten beschäftigt.

Erlauben Sie mir daher, sehr verehrter Herr Präsident, dass ich in dieser zweifachen Funktion an Sie die folgende Bitte richte:

In Kärnten ist zur Zeit eine sehr positive Diskussion zwischen den drei Landtagsparteien einerseits und den Zentralorganisationen der slowenischen Volksgruppe andererseits im Gange. Im Rahmen eines ›Runden Tisches‹ werden konkrete Maßnahmen zur Verbesserung der Situation der Volksgruppe erarbeitet und auch umgesetzt.

Der letzte ›Runde Tisch‹ am 4. 12. 2000 hat sich besonders mit den Auswirkungen des Erkenntnisses des Verfassungsgerichtshofes vom 4.10., Zahl: V 91/91–11 [gemeint wohl: vom 4. 10. 2000, V 91/99], befasst. Es wurde vereinbart, hierüber eine Enquete zu veranstalten, die vom Institut CIFEM für die Teilnehmer am ›Runden Tisch‹ organisiert werden soll.

Sowohl die Vertreter der Parteien als auch die Funktionäre der slowenischen Volksgruppe haben dazu ausdrücklich den Wunsch artikuliert, Sie, sehr verehrter Herr Präsident, zu dieser Veranstaltung einzuladen.«

Sodann wurden in diesem Schreiben Terminvorschläge erstattet und der Name weiterer Experten aus dem Bundeskanzleramt, von Universitäten und dem Wissenschaftsministerium, die am Gespräch ebenfalls teilnehmen sollten, genannt.

Im Antwortschreiben, Beilage H, vom 12. Jänner 2001 bedankte sich Präsident Dr. Adamovich zunächst für die Einladung und schrieb dann:

»Ich bitte um Verständnis dafür, daß ich der freundlichen Einladung nicht Folge leisten möchte.

Das Erkenntnis ist klar formuliert und muß natürlich im Zusammenhang mit der einschlägigen Vorjudikatur gesehen werden. Darüber hinausgehende Interpretationen bin ich nicht befugt zu geben. Es ist dies ein Grundsatz, der im Gerichtshof stets vertreten worden ist.

Ich bin davon überzeugt, daß die von Ihnen sonst ins Auge gefaßten Experten hinlänglich gut informiert sind, um zu einem geeigneten Ergebnis zu kommen.«]

Dem Vorwurf Punkt 4 zuwider kann ein Ersuchen eines Staatsgastes um abstrakte Information (hinsichtlich der Exekution von Verfassungsgerichtshoferkenntnissen) nicht als Einmischung in österreichische Verhältnisse angesehen werden. Dem Wunsch des

Gastes nach einem Gespräch mit dieser Thematik nachzukommen, ist ein Gebot internationaler Höflichkeit und keineswegs als ›Instinktlosigkeit‹» anzusehen. Dass ›Instinktlosigkeit‹ zudem nicht einen der im § 10 Abs. 1 VfGG erwähnten Enthebungsgründe darstellt, sei nur zusätzlich bemerkt.

Im Übrigen wäre ein anlässlich des Höflichkeitsbesuches vom Staatsgast unternommener Interventionsversuch an sich noch kein Grund, Präsident Adamovich das Vertrauen in seine Amtsführung zu versagen; handelt es sich doch um eine Situation, der sich auch Richter der ordentlichen Gerichtsbarkeit immer wieder ausgesetzt sehen und nicht entziehen können, ohne dass sich hieraus allein bereits der Verdacht ergäbe, sie würden sich in der Ausübung ihres Amtes von unsachlichen Erwägungen leiten lassen.

Der 5. und letzte von Landeshauptmann Haider erhobene Vorwurf, der Präsident des Verfassungsgerichtshofes sei ›Mitverfasser und Autor der nunmehr aufgehobenen Volksgruppengesetze‹, beruht auf ungeprüfter Übernahme der Behauptung des Altlandeshauptmannes Wagner, Präsident Adamovich sei 1976 als Leiter des Verfassungsdienstes im Bundeskanzleramt mit der Vorbereitung des Volksgruppengesetzes betraut gewesen (Blg./13). Präsident Adamovich hat dies dahin richtiggestellt, er sei erst an der Vorbereitung der Durchführungsverordnung betreffend die zweisprachigen topographischen Aufschriften und Bezeichnungen beteiligt gewesen, nicht aber an der entscheidenden juristischen Weichenstellung des § 2 Abs. 1 Z 2 Volksgruppengesetz (25 %-Klausel). Schon aus diesem Grund geht der Vorwurf der völligen Uneinschätzbarkeit und Sprunghaftigkeit – den der Landeshauptmann im Grunde auch nicht gegen den Präsidenten des Verfassungsgerichtshofs, sondern gegen dieses Gericht in seiner Gesamtheit erhebt – ins Leere. Hinzugefügt sei aber, dass ein Rechtswissenschafter, der eine 25 Jahre vorher vertretene Ansicht nicht mehr aufrecht erhalten zu können vermeint, kein Verhalten setzt, welches nach allgemeiner Auffassung als sprunghaft bezeichnet und zum Anlass genommen werden könnte, ihm die Achtung und das Vertrauen zu entziehen.

Zusammenfassend muss das Schreiben des Landeshauptmannes von Kärnten vom 21. Dezember 2001 als ein auch im Bereiche der ordentlichen Gerichtsbarkeit gelegentlich vorkommender Versuch angesehen werden, nach Fällung eines nicht genehmen Erkenntnisses unsachliche Einflussnahmen von außen auf die Entscheidungsfindung und eine Verstrickung des Präsidenten des Gerichtshofes in diese angeblich dubiosen Vorgänge anzudeuten, ohne die betreffenden Spekulationen verifizieren zu können.

Auf Grund dieser Erwägungen gelange ich zur Auffassung, dass zur Einleitung eines Verfahrens zur Enthebung des Präsidenten des Verfassungsgerichtshofes von seinem Amte kein Anlass vorliegt.«

6.2 Der Verfassungsgerichtshof schließt sich dieser Beurteilung des Generalprokurators vorbehaltlos an.

Die Vorwürfe des Landeshauptmannes sind sohin zu einem Teil durch Urkunden widerlegt, zum anderen Teil hat der Landeshauptmann aber Schlüsse aus den von ihm vorgelegten Urkunden gezogen, die durch deren Inhalt nicht gedeckt sind. Insgesamt können daher diese Vorwürfe keinen Anlass dafür bieten, ein Amtsenthebungsverfahren einzuleiten. Angesichts dessen braucht sich der Verfassungsgerichtshof auch nicht mit der Frage zu befassen, ob das vorgeworfene Verhalten überhaupt geeignet gewesen wäre, den Tatbestand des § 10 Abs. 1 lit. c VfGG zu erfüllen.

6.3 Dieser Beschluss war nach Durchführung einer nichtöffentlichen Sitzung (§ 10 Abs. 2 VfGG) zu fassen.

6.4 Zu klären war noch, ob diese Entscheidung zu veröffentlichen ist. In dieser Frage hat sich der Gerichtshof von folgenden Überlegungen leiten lassen:

§ 10 Abs. 2 VfGG regelt zunächst das Verfahren bis zur Erlassung des Einleitungsbeschlusses. Sodann heißt es im vierten Satz dieser Gesetzesstelle:

»Auf das weitere Verfahren finden die Vorschriften der §§ 15, 16, 18 bis 23 des Richterdisziplinargesetzes vom 21. Mai 1868, RGBl. Nr. 46, sinngemäß Anwendung.«

Gemäß § 172 des Richterdienstgesetzes – RDG, BGBl. Nr. 305/1961, treten, soweit in anderen gesetzlichen Vorschriften auf Vorschriften des Richterdisziplinargesetzes 1868 verwiesen wird, »an deren Stelle die entsprechenden Vorschriften dieses Bundesgesetzes«. Nach § 127 RDG sind »Mitteilungen an die Öffentlichkeit über den Verlauf und das Ergebnis der Vorerhebungen und der Disziplinaruntersuchung sowie über den Inhalt der Disziplinarakten« untersagt.

Es kann nun auf sich beruhen, ob § 127 RDG eine den §§ 15, 16, 18 bis 23 des Richterdisziplinargesetzes vom 21. Mai 1868, RGBl. Nr. 46, welche eine Regelung über Mitteilungen an die Öffentlichkeit in solchen Verfahren nicht enthalten, »entsprechende Bestimmung« ist. Denn schon nach der wiedergegebenen gesetzlichen Anordnung sind Vorschriften des RDG nur auf das »weitere«, d. h. einem allfälligen Einleitungsbeschluss nach § 10 Abs. 2 zweiter Satz VfGG folgende Verfahren anzuwenden. Sind daher solche Bestimmungen auf die Verfahrensschritte bis einschließlich der Beschlussfassung nach der erwähnten Gesetzesstelle nicht anzuwenden, stellt sich die Frage der »Entsprechung« des § 127 RDG in diesem Verfahrensabschnitt von vornherein nicht.

Da keine Anhaltspunkte erkennbar sind, die eine Geheimhaltung von Spruch und Begründung der vorliegenden Entscheidung gemäß Art. 2 0 Abs. 3 B-VG oder im Hinblick auf das Grundrecht auf Datenschutz im Sinne des § 1 Abs. 1 DSG 2000 gebieten würden, ist es dem Verfassungsgerichtshof durch keine gesetzliche Bestimmung verwehrt, diesen Beschluss der Öffentlichkeit zugänglich zu machen. Im vorliegenden Fall hält der Verfassungsgerichtshof eine solche Bekanntmachung angesichts der vorangegangenen öffentlichen Diskussion auch im Interesse der Abwehr von Angriffen auf die Unabhängigkeit seiner Rechtsprechung für geboten.

Wien, am 6. Jänner 2002
Der Vizepräsident:
Dr. K o r i n e k

Schriftführerin:
Dr. E l h e n i c k y

Personenregister